TODO AQUELE JAZZ

GEOFF DYER

Todo aquele jazz

Tradução
Donaldson M. Garschagen

3ª reimpressão

Copyright © 1991, 1996 by Geoff Dyer

Grafia atualizada segundo o Acordo Ortográfico da Língua Portuguesa de 1990, que entrou em vigor no Brasil em 2009.

Título original
But Beautiful: A Book About Jazz

Capa
Kiko Farkas/ Máquina Estúdio

Foto de capa
W. Eugene Smith/ Magnum/ Latinstock

Foto da p. 13
Henry "Red"Allen, Ben Webster e Pee Wee Russell. Ensaio para o programa de televisão *Sound of Jazz*, Nova York, 1957; foto de Milt Hinton, © Milton J. Hinton Photographic Collection, www.milthinton.com

Preparação
Leny Cordeiro

Revisão
Luciane Helena Gomide
Isabel Jorge Cury

Dados Internacionais de Catalogação na Publicação (CIP)
(Câmara Brasileira do Livro, SP, Brasil)

Dyer, Geoff
    Todo aquele jazz ; Geoff Dyer; tradução Donaldson M. Garschagen. — 1ª ed. — São Paulo : Companhia das Letras, 2013.

    Título original: But Beautiful : A Book About Jazz
    ISBN 978-85-359-2270-7

    1. Ficção musical 2. Jazz – Ficção 3. Músicos de Jazz – Ficção I. Título.

13-03869   CDD-823

Índice para catálogo sistemático:
1. Ficção biográfica : literatura inglesa 823

[2021]
Todos os direitos desta edição reservados à
EDITORA SCHWARCZ S.A.
Rua Bandeira Paulista, 702, cj. 32
04532-002 — São Paulo — SP
Telefone: (11) 3707-3500
www.companhiadasletras.com.br
www.blogdacompanhia.com.br
facebook.com/companhiadasletras
instagram.com/companhiadasletras
twitter.com/cialetras

Para John Berger

Prefácio

Quando comecei a escrever este livro, não sabia ao certo que forma ele teria. Isso representou uma grande vantagem, pois fui obrigado a improvisar, e assim, desde o começo, meu texto teve como modelo uma das características definidoras do tema. Não demorou para que eu percebesse que me distanciara de qualquer coisa semelhante a uma crítica convencional. Cada vez mais, as metáforas e comparações a que eu recorria para evocar o que julgava estar acontecendo na música começaram a parecer inadequadas. Além disso, como até a mais breve comparação já constitui um aceno de narrativa, logo essas metáforas estavam se expandindo e virando episódios e cenas. À medida que eu inventava diálogos e ações, o resultado passou, cada vez mais, a lembrar ficção. Ao mesmo tempo, porém, essas cenas ainda pretendiam ser um comentário sobre uma música ou sobre as particularidades de um músico. O que o leitor tem em mãos, pois, é tanto *crítica imaginativa* quanto ficção.

Muitas cenas têm origem em episódios conhecidos ou mesmo lendários: Chet Baker perdendo os dentes debaixo de murros, por exemplo. Tais episódios fazem parte de um repertório comum de detalhes biográficos e informações: são, por assim dizer, standards, a partir dos quais crio minha própria versão, expondo os fatos identificadores com maior ou menor concisão e a seguir improvisando com base neles ou, em certos casos, afastando-me deles por completo. Isso pode ser um expediente que foge à absoluta fidelidade à verdade, porém, uma vez mais, condiz com a natureza improvisadora do jazz.

Alguns episódios nem sequer têm origem em fatos: essas cenas inteiramente inventadas podem ser vistas como composições originais (embora às vezes contenham citações de palavras dos músicos envolvidos). Durante algum tempo pensei se deveria indicar quando, neste livro, pus na boca de alguém alguma coisa que de fato foi dita na vida real. Por fim, com base no mesmo princípio que norteou todas as demais decisões neste livro, preferi não fazê-lo. É frequente que os músicos de jazz façam citações de outros em seus solos: o fato de o ouvinte percebê-las vai depender de conhecer a música ou não. O mesmo acontece aqui. Como regra, o leitor deve partir do seguinte princípio: o que aparece aqui foi inventado ou alterado, e não citado. O tempo todo, meu objetivo foi apresentar os músicos não como eram, mas como me parecem ter sido. Naturalmente, muitas vezes a distância entre essas duas ambições é enorme. Assim, mesmo quando pareço descrever a atuação dos músicos, estou menos fazendo isso do que projetando de volta — para o momento da criação da música — a minha experiência de ouvi-la trinta anos depois.

O posfácio retoma e expande alguns temas do corpo principal do texto num estilo mais formal de exposição e análise. Além disso, tece algumas considerações sobre o desenvolvimento do jazz em tempos mais recentes. Apesar de proporcionar um contexto no qual o corpo principal do texto pode ser visto, o posfácio o complementa, mas não é parte integrante dele.

Uma nota sobre fotografias

Às vezes as fotografias agem sobre nós de uma forma estranha e simples: ao primeiro olhar, vemos nelas coisas que, mais tarde, descobrimos que não existem. Ou, pelo contrário, quando as olhamos de novo notamos coisas que da primeira vez não vimos. Na fotografia que Milt Hinton fez de Ben Webster, Red Allen e Pee Wee Russell, por exemplo, pensei que o pé de Allen estivesse apoiado na cadeira à sua frente, que Russell estivesse dando uma tragada no cigarro, que...

O fato de ela não ser como lembramos é um dos pontos fortes da fotografia de Hinton (ou, aliás, de qualquer outra), pois, embora ela mostre apenas um átimo infinitesimal da realidade, a *duração percebida* da imagem se estende por vários segundos, para aquém ou para além daquele instante congelado, de modo a incluir — ou assim nos parece — o que acabou de acontecer ou o que está prestes a acontecer: Ben puxando o chapéu para trás e assoando o nariz, Red estendendo a mão para pegar um cigarro com Pee Wee...

* * *

As pinturas a óleo deixam até a batalha da Grã-Bretanha ou a de Trafalgar estranhamente silenciosas. Já a fotografia pode ser tão sensível ao som quanto à luz. As boas fotografias existem para ser ouvidas, assim como para ser contempladas. Quanto melhor a fotografia, mais há o que ouvir. As melhores fotografias de jazz são aquelas saturadas com o som de seu tema. Na foto que Carol Reiff fez de Chet Baker tocando no Birdland, escutamos não só o som dos músicos comprimidos no pedaço que aparece do palco, como também as conversas ao fundo e o tilintar de cubos de gelo nos copos. Da mesma forma, na fotografia de Hinton, ouvimos o barulho que Ben faz ao virar as páginas do jornal, o roçar do tecido quando Pee Wee cruza as pernas. Tivéssemos os meios de decifrá-las, não poderíamos ir ainda mais longe e usar fotos como essa para ouvir o que estava sendo dito? Ou até, uma vez que as melhores fotos parecem estender-se para além do momento que mostram, o que *há pouco* foi dito, *o que será dito em seguida...*

Os produtores de importantes obras de arte não são semideuses, mas seres humanos falíveis, muitas vezes com personalidade neurótica e lesionada.
Theodor Adorno

Só escutamos a nós mesmos.
Ernst Bloch

TODO AQUELE JAZZ

"*Não como eram, mas como me parecem ter sido...*"

Nos dois lados da estrada, os campos estavam tão escuros quanto o céu noturno. A região era tão plana que, se alguém a olhasse do alto de um celeiro, avistaria os faróis de um carro como estrelas no horizonte, aproximando-se durante uma hora antes que as lanternas traseiras, rubras, virassem devagar, como um espectro, em direção ao leste. O único som que se ouvia era o ronco contínuo do carro. A escuridão era tão uniforme que o motorista deu consigo pensando que não existia estrada alguma até que os faróis ceifaram um caminho no trigal que se contorcia, teso, no facho luminoso. O carro era como um trator de neve, empurrando a escuridão para os lados, abrindo um caminho de luz... Sentindo os pensamentos devanearem e as pálpebras ficarem pesadas, ele piscou com força e esfregou a mão numa perna para permanecer acordado. Mantinha uma velocidade constante de oitenta quilômetros por hora, mas a paisagem era tão ampla e monótona que o carro mal parecia se mover, como se fosse uma nave espacial avançando lentamente rumo à Lua... Seus pensamentos vaguearam de novo, como num sonho, e ele achou que talvez pudesse arriscar-se a fechar os olhos por um simples segundo prazeroso...

De repente, o estrondo da estrada e o frio da noite encheram o carro e ele se sobressaltou ao perceber que estivera a um triz de dormir. Daí a segundos um vento frio como cascalho tomou conta do carro.

— Ei, Duke, feche a janela, meu sono passou — disse o motorista, lançando um olhar ao homem que estava no banco do passageiro.

— Tem certeza de que está bem, Harry?

— Estou, estou...

Duke odiava o frio tanto quanto ele, e bastou essa garantia para que levantasse o vidro da janela. Com a mesma rapidez com que esfriara, o carro começou a esquentar de novo. O calor seco que se desfrutava num carro com as janelas fechadas era o tipo de aquecimento que ele mais apreciava no mundo. Duke sempre dizia que a estrada era o seu lar, e, se isso era verdade, então o carro era a sua lareira. Sentar-se no banco da frente, com o aquecedor no máximo e a paisagem fria passando lá fora — para os dois homens isso era como sentar-se em poltronas num velho chalé e ler livros ao pé da lareira, num dia de nevasca.

Quantos quilômetros já teriam viajado juntos daquele jeito?, pensou Harry. Um milhão? Somando-se a isso as viagens de trem e avião, era provável que a distância chegasse a um número equivalente a três ou quatro voltas em torno do planeta. Era bem provável que não existissem no mundo outras pessoas que tivessem passado tanto tempo juntas ou viajado para tão longe, talvez milhares de milhões de quilômetros. Ele tinha comprado o carro em 1949, pretendendo apenas dar umas voltas nas imediações de Nova York, mas logo estava transportando Duke por todo o país. Por várias vezes tivera vontade de registrar num caderninho o tanto que haviam viajado, mas sempre acabava conjecturando que gos-

taria de ter feito isso desde o começo, e assim, a cada vez que pensava naquilo, desistia da ideia e passava a calcular vagamente distâncias cumulativas, lembrando-se dos estados e cidades por onde tinham passado. Aliás, era isso mesmo o que faziam — na verdade não visitavam lugar nenhum, só passavam pelos lugares, às vezes chegando a uma apresentação isolada vinte minutos antes de seu início e pegando a estrada de novo meia hora depois de terminada.

Não manter aquele caderninho parecia ser a única coisa de que se arrependia. Ele passara a integrar a orquestra em 1927, abril de 1927, com dezessete anos, e Duke tivera de convencer a mãe dele a deixá-lo pegar a estrada em vez de voltar para a escola, adulando-a e apertando sua mão, sorrindo e dizendo "Isso mesmo, é claro, sra. Carney" a tudo o que ela dizia, sabendo que por fim sua vontade prevaleceria. Era evidente que, se Duke tivesse dito que aquilo significava que o rapaz passaria o resto da vida na estrada, as coisas poderiam não ter sido tão simples. Ainda assim, recordando todo o passado, praticamente não havia um momento ou um quilômetro que ele lamentasse — sobretudo no tempo em que ele e Duke iam assim, de carro, para os espetáculos. O mundo inteiro adorava Duke, mas quase ninguém o conhecia de verdade. Com o passar dos anos, ele viera a conhecer Duke melhor do que qualquer um, e isso já teria sido pagamento suficiente — o dinheiro era quase um bônus...

— Como estamos, Harry?
— Vamos indo bem, Duke. Está com fome?
— Meu estômago está reclamando desde Rockford. E você?
— Estou bem. Guardei aquele frango assado que pegamos ontem de manhã.
— A esta altura ele deve estar muito gostoso, Harry.
— De qualquer jeito, daqui a pouco vamos parar para o café da manhã.

— Já?
— Daqui a uns trezentos e poucos quilômetros.

Duke riu. Eles contavam o tempo em quilômetros, não em horas, e estavam tão acostumados a percorrer distâncias imensas que muitas vezes 150 quilômetros eram o trajeto que percorriam entre a vontade de urinar e parar para fazer isso. Trezentos e poucos quilômetros costumavam mediar os primeiros sinais de fome e a efetiva parada para comer, e, até quando passavam pelo único lugar num raio de quarenta quilômetros, muitas vezes acabavam seguindo em frente. Parar era uma curtição tão ansiada que quase não se dispunham a fazê-lo: era um prazer que tinha de ser protelado indefinidamente.

— Me acorde quando a gente chegar lá — disse Duke, ajeitando o chapéu como um travesseiro, entre o canto do banco e a porta.

Aquela era a hora calma do anoitecer, entre a gente do dia voltando do trabalho para casa e a gente da noite começando a chegar ao Birdland. De sua janela no hotel ele via a Broadway escurecer e tornar-se escorregadia sob uma chuva indecisa. Serviu-se de uma bebida, pôs uma pilha de discos de Sinatra no toca-discos... levou a mão ao telefone que não tocava mais e voltou à janela. Daí a pouco a vidraça embaçou por causa de sua respiração. Levando a mão à sua imagem borrada e refletida como se fosse um quadro, traçou com o dedo linhas molhadas em torno dos olhos, da boca e da cabeça, até ver aquilo se transformar numa caveira gotejante que ele apagou com a palma da mão.

Deitou-se na cama, causando apenas uma ligeira depressão no colchão macio, convencido de que era capaz de se sentir encolhendo, de estar se reduzindo a nada. Pelo chão se espalhavam pratos de comida que ele beliscara e pusera de lado. Comia um pouco disso, um pouco daquilo e voltava à janela. Embora comesse quase nada, ainda tinha suas preferências em matéria de comida: a cozinha chinesa era a sua favorita, era a comida que ele mais deixava de comer. Durante muito tempo tinha vivido de leite desnatado e de biscoitos Cracker Jack, mas havia perdido o interesse até por isso. Quanto menos comia, mais bebia: conhaque Courvoisier, cerveja ou gim misturado com xerez. Bebia para diluir a si mesmo, para se adelgaçar ainda mais. Alguns dias antes cortara o dedo numa folha de papel e se sentira surpreso ao ver como seu sangue era vermelho e forte, pois esperara que fosse claro como gim, levemente estriado de vermelho, ou pálido, rosado. Naquele mesmo dia fora dispensado de uma temporada no Harlem por lhe faltarem forças para ficar de pé. Agora, até erguer o saxofone o deixava exausto, e ele tinha a sensação de que o instrumento era mais pesado que ele. Provavelmente achava o mesmo de suas roupas.

Por fim, Hawk trilhou o mesmo caminho. Foi Hawk quem levou o saxofone tenor para o jazz e definiu como deveria ser tocado: com um som corpulento, estentóreo, imponente. Ou o músico tocava como ele ou não era ninguém — e era exatamente isso o que as pessoas pensavam a respeito de Lester com seu sonzinho delicado e etéreo. Todo mundo mexia com ele, para que tocasse como Hawk ou passasse para o sax alto, mas ele dava um tapinha na cabeça e dizia:

— Tem coisas rolando aqui, cara. Alguns de vocês só têm barriga.

Quando faziam jam sessions juntos, Hawk tentava tudo o que sabia para superá-lo, mas nunca conseguiu. Em Kansas, em 1934, certa vez entraram pela manhã tocando. Hawk ficou só de camiseta, tentando derrubá-lo com aquele enorme tenor de furacão, e Lester afundou numa cadeira, com seu olhar distante, seu som ainda delicado como uma aragem depois de tocar durante oito horas. Os dois esgotaram os pianistas, um depois do outro, e Hawk deixou o tablado, jogou o instrumento no banco traseiro do carro e se mandou até St. Louis para uma apresentação naquela noite.

O som de Lester era tênue e preguiçoso, mas sempre continha, em algum lugar, algo de cortante. Era como se ele estivesse sempre prestes a começar a se soltar das amarras, sabendo que nunca faria isso: era daí que vinha a tensão. Ele tocava com o sax virado para um lado, e, à proporção que avançava num solo, o instrumento se afastava da vertical mais alguns graus, até ele passar a tocá-lo na horizontal, como se fosse uma flauta. Nunca se tinha a sensação de que ele estivesse levantando o saxofone. Era como se o sax se tornasse cada vez mais leve, flutuando e se afastando dele — e, se era isso que o sax queria fazer, não seria ele quem o puxaria para baixo.

Logo a alternativa ficou evidente: Pres ou Hawk — Lester Young ou Coleman Hawkins — dois estilos. Vendo-os ou escutando-os, não podiam parecer mais diferentes um do outro, mas acabaram do mesmo jeito: encharcados e consumidos. Hawk vivia à base de lentilhas, álcool e comida chinesa e definhava, da mesma forma que Pres vivia agora.

Ele estava desaparecendo, dissolvendo-se na tradição antes mesmo de estar morto. Tantos outros músicos o haviam imitado que não lhe restava mais nada. Agora, quando tocava, os admiradores diziam que ele claudicava atrás de si mesmo, fazendo uma pálida imitação daqueles que tocavam como ele. Numa noite em que se apresentara mal, um sujeito o abordou e lhe disse: "Você não é mais você, agora eu é que sou você". Aonde quer que fosse, ouvia pessoas tocando como ele. Passou a chamar todo mundo de Pres, pois via a si mesmo em toda parte. Uma vez, tinha sido desligado da orquestra de Fletcher Henderson por não tocar como

Hawk. Agora estava sendo alijado de sua própria vida por não tocar como ele mesmo.

Ninguém era capaz de cantar uma música ou contar uma história ao saxofone como ele. O problema era que agora só sabia tocar uma única história — a história de que não era mais capaz de tocar, a história de que todo mundo estava contando a sua história em seu nome, a história de como ele terminara ali no Alvin Hotel, olhando pela janela para o Birdland, imaginando quando iria morrer. Era uma história que ele não entendia direito e na qual nem estava tão interessado assim, a não ser para dizer que ela havia começado com o Exército. Com o Exército ou com Basie, para terminar, porém, com o Exército. Dava no mesmo. Durante anos não dera a menor pelota para suas obrigações em relação ao serviço militar, confiando no zigue-zague que era o itinerário da orquestra para se manter cinco ou seis passos à frente dos militares. Certa noite, entretanto, quando já descia do tablado, um oficial com cara de mau e óculos de aviador abordou-o como se fosse um fã pedindo autógrafo e lhe entregou seus papéis de convocação.

Ao comparecer à junta de alistamento, estava tão debilitado que as paredes da sala tremiam de febre. Sentou-se diante de três oficiais de cara fechada, um dos quais em nenhum momento levantou os olhos das pastas que tinha à frente. Eram homens de cara angulosa que a cada manhã ofereciam o rosto à lâmina de barbear como se fossem botas a serem engraxadas. Exalando um perfume doce de colônia, Pres estendeu as longas pernas, assumindo uma posição tão próxima da horizontal quanto a cadeira dura permitia, dando a impressão de que a qualquer instante descansaria os sapatos elegantes na mesa diante dele. Suas respostas dançavam em torno das perguntas que lhe eram feitas, ao mesmo tempo sagazes e capciosas. Tirou um frasco metálico com gim de um bolso interno do jaquetão, e um dos oficiais o arrancou de suas mãos, gritando, colérico, enquanto Pres, sereno e perplexo, acenava com a mão, lentamente:

— Ei, gente, vamos com calma, tem bastante para todo mundo.

Exames revelaram que ele tinha sífilis; estava bêbado, chapado, tão entupido de anfetaminas que seu coração tiquetaqueava como um relógio — porém de alguma forma foi aprovado nos exames médicos. Era como se estivessem decididos a abrir mão de tudo a fim de metê-lo no Exército.

Ser músico de jazz era produzir um som pessoal, descobrir um jeito de ser diferente de todo mundo, nunca tocar a mesma coisa duas noites seguidas. Já o Exército queria que as pessoas fossem as mesmas, idênticas, indistinguíveis, parecendo ser iguais, parecendo pensar igual, que tudo permanecesse igual dia após dia, que nada mudasse. Tudo tinha de apresentar ângulos retos e arestas nítidas. As dobras dos lençóis de sua cama tinham de ser precisas como os ângulos de metal de seu armário. Raspavam sua cabeça como um carpinteiro aplainando um bloco de madeira, tentando torná-lo absolutamente quadrado. Até os uniformes eram projetados para remodelar o corpo, tornar as pessoas quadradas. Nada curvo ou macio, nada de cores, nada de silêncio. Parecia quase inacreditável que no espaço de uma quinzena a mesma pessoa pudesse de repente dar consigo num mundo tão diferente.

Seu andar era negligente, arrastado, mas ali ele teria de marchar, percorrer o pátio em ordem-unida com coturnos pesados como uma bola de ferro e correntes. Marchar até seus pés ficarem quebradiços como vidro.

— Balance esses braços, Young. Balance esses braços.

Queriam ensinar *a ele* o que era balanço.

Ele detestava tudo que fosse duro, até mesmo sapatos com solas de couro. Apreciava coisas bonitas, flores e o perfume que deixavam num cômodo, roupas de algodão macio ou de seda contra a pele, calçados que acarinhavam seus pés: chinelos, mocassins. Tivesse nascido trinta anos depois, teria tido gostos meio gays; trinta anos antes, teria sido um esteta. Na Paris oitocentista, poderia ter sido uma figura decadente *fin de siècle*, mas em vez disso ali estava ele, encalhado no meio de um século, obrigado a virar soldado.

Quando despertou, o quarto estava tomado pela bruma verde de um anúncio luminoso que se acendera e ganhara vida enquanto ele dormia. Seu sono era tão leve que a rigor nem merecia o nome de sono, não passava de uma mudança no ritmo das coisas, em que tudo se distanciava de tudo. Acordado, ele às vezes se perguntava se não estaria dormitando, sonhando que estava ali, morrendo num quarto de hotel...

O saxofone se achava a seu lado, na cama. Numa cômoda posta ao lado da cama, servindo de criado-mudo, havia uma fotografia de seus pais, vidros de colônia e seu chapéu de copa cilíndrica. Ele tinha visto uma foto de moças vitorianas usando chapéus como aquele, dos quais pendiam fitas. Gostara deles e passara a usá-los desde então. Certa vez, Herman Leonard fora ao hotel para fotografá-lo, mas terminou deixando-o inteiramente fora da foto, preferindo fazer uma natureza-morta em que apareciam o chapéu, o estojo do saxofone e fumaça de cigarro subindo para o céu. Isso tinha sido muitos anos antes, mas a foto parecia uma premonição cujo cumprimento se avizinhava a cada dia que passava, à medida que ele se dissolvia e se fragmentava à vista de todos.

Ele rompeu o lacre de uma nova garrafa e voltou à janela, com um lado do rosto tingido de verde pela luz do anúncio luminoso. A chuva tinha cessado, e o céu estava limpo. Uma lua fria começava sua ascensão sobre a rua. Músicos chegavam ao Birdland, cumprimentando-se e carregando estojos de instrumentos. Às vezes olhavam para sua janela, e ele ficava a imaginar se o veriam ali, limpando a condensação da vidraça com a mão.

Foi até o guarda-roupa, que só continha alguns ternos e camisas e vários cabides. Despiu as calças, pendurou-as com cuidado e deitou-se na cama de cuecas, vendo nas paredes, tingidas de verde pelo anúncio, as sombras projetadas pelos carros que passavam.

— Inspeção!

O tenente Ryan abriu com violência a porta de seu armário de aço, olhou dentro dele, bateu com o bastão — sua batuta, como Pres sempre se referia a ele — na foto afixada na parte interna da porta: o rosto sorridente de uma mulher.

— Este armário é seu, Young?
— Sim, senhor.
— E foi você que colou esta foto na porta, Young?
— Foi, sim, senhor.
— Alguma coisa chama a sua atenção nesta foto, Young?
— Sim, senhor, ela tem uma flor no cabelo.
— Nada mais?
— Senhor?
— Ela me parece uma branca, Young, uma moça branca. Você também acha o mesmo?
— Sim, senhor.
— E você considera certo que um praça negro tenha a foto de uma branca no armário?

Os olhos dele se voltaram para o chão. Viram os coturnos de Ryan se aproximarem ainda mais dele, tocando os dedos de seus pés. Uma rajada de ar em suas narinas.

— Você me ouviu, Young?
— Sim, senhor.
— Você é casado, Young?
— Sim, senhor.
— Mas, em vez de um retrato de sua mulher, você quer ter o retrato de uma branca para pensar nela quando bate sua punheta de noite.
— Ela é minha mulher.

Ele pronunciou essas palavras com a maior suavidade possível, com a esperança de eliminar da declaração qualquer sinal de insolência, mas o peso do fato lhe dava a marca do desafio.

— Ela é minha mulher, *senhor*.
— Ela é minha mulher, senhor.
— Tire a foto daí, Young.
— Senhor.
— Agora, Young.

Ryan ficou onde estava. Para chegar até o armário, Lester rodeou o tenente, pegou o rosto de sua mulher pela orelha, descolou a fita adesiva do metal cinzento até a imagem se rasgar, tornando-se uma ponte de papel entre seus dedos e o armário. Depois a manteve frouxamente na mão.

— Amasse essa foto... Agora, jogue na cesta de lixo.
— Sim, senhor.

Em vez do jorro de adrenalina que costumava experimentar ao humilhar recrutas, Ryan sentiu o oposto: que havia se humilhado diante de toda a companhia. O rosto de Ryan se mostrara tão destituído de amor-próprio e orgulho, isento de tudo exceto tristeza, que Ryan de repente se perguntou se a obediência degradante não seria uma forma de protesto, de desafio. Sentiu-se horrível, e por isso odiou Young mais do que nunca. Sentia uma coisa semelhante no caso das mulheres: quando elas começavam a chorar, o impulso de bater nelas se tornava mais forte. Antes, teria ficado satisfeito por humilhar Young. Agora, porém, queria destruí-lo. Nunca tinha visto um homem mais carente de força, mas ele fazia toda ideia de força e tudo o mais associado a ela parecer irrelevante, bobo. Rebeldes, chefes de quadrilhas, amotinados — toda essa gente podia ser combatida: enfrentavam o Exército bravamente, aceitavam suas regras. Por mais fortes que fossem, o Exército era capaz de derrotá-los; mas a debilidade era algo contra o qual o Exército era impotente, porque ela rejeitava toda ideia de oposição, da qual a força depende. Tudo o que se pode fazer no caso dos fracos é lhes causar dor — e isso Young teria de sobra.

Ele sonhou que estava numa praia e que uma maré de birita vinha em sua direção, ondas de álcool claro que se quebravam sobre ele, infiltrando-se na areia com um chiado.

De manhã, viu pela janela um céu incolor como uma vidraça. Um pássaro passou diante da janela, e ele firmou os olhos para acompanhar seu voo, antes que a ave sumisse sobre outros edifícios. Certa vez ele encontrara um passarinho ferido num peitoril. Havia alguma coisa errada com uma das asas, ele não saberia dizer o quê. Aninhando a avezinha na mão, sentira o palpitar de seu coração e cuidou dela, aquecendo-a e dando-lhe grãos de arroz para comer. Como a ave não desse sinais de recobrar as forças, ele despejou bourbon num pires e isso deve ter resolvido o problema — depois de mergulhar o bico no pires durante alguns dias, o passarinho bateu asas e foi embora. Agora, sempre que via um passarinho, tinha esperança de que fosse o mesmo que ele recuperara.

Havia quanto tempo isso tinha acontecido? Duas semanas?

Dois meses? Ele tinha a impressão de morar ali no Alvin havia dez anos ou mais, desde que saíra do xilindró militar e do Exército. Tudo acontecera de maneira tão gradual que era difícil dizer em que ponto essa fase de sua vida começara. Uma vez havia dito que sua música tinha três fases. Primeiro ele se concentrara no registro superior do saxofone, o que ele chamava de tenor alto. Depois, no registro médio — o tenor tenor — antes de passar para o tenor barítono. Lembrava-se de ter dito isso, mas não conseguia determinar as épocas em que tinham ocorrido essas três fases, já que os períodos de sua vida com os quais coincidiam também eram um borrão. A fase do barítono coincidia com seu afastamento do mundo, mas quando havia começado? Aos poucos ele tinha parado de se dar com os caras com quem tocava, passando a comer no quarto. Depois deixara inteiramente de comer, não via quase ninguém e só saía do quarto quando não havia mesmo outro jeito. A cada palavra que lhe era dirigida ele evitava o mundo um pouco mais, até que o isolamento deixou de ser circunstancial para se tornar algo que ele introjetara — mas assim que isso aconteceu ele compreendeu que o lance da solidão sempre existira: sempre estivera presente em seu modo de tocar.

Mil novecentos e cinquenta e sete, esse foi o ano em que Pres havia se destroçado completamente e acabou no Kings County Hospital. Depois disso ele fora ali para o Alvin e perdera o interesse por tudo, exceto por olhar pela janela e pensar em como o mundo era, para ele, demasiado sujo, duro, barulhento e cruel. E pelo álcool, que ao menos fazia qualquer ângulo do mundo brilhar um pouco. Em 1955, estivera internado no Hospital Bellevue, por causa do alcoolismo, mas tinha poucas lembranças do Bellevue ou do Kings, a não ser a vaga sensação de que os hospitais eram como o Exército, com a diferença de que a pessoa não precisava trabalhar. Mesmo assim, havia algo de bom em poder ficar deitado, sentindo-se fraco e sem ninguém querendo pôr você de pé. Ah, sim, e outra coisa também. Foi no Kings que um jovem médico de Oxford, na Inglaterra, tinha lido para ele um poema, "Os comedores de lótus", sobre uns camaradas que chegam a uma ilha e resolvem ficar por ali se chapando e sem fazer nada. Tinha apreciado a cadência devaneadora dos versos, sua atmosfera lenta e preguiçosa, o rio que fluía como fumaça. O sujeito que escrevera aquilo fazia o mesmo som que ele. Não se lembrava de seu nome, mas, se alguém um dia quisesse gravar aquilo, ele adoraria participar, tocando solos entre os versos. Pensava muito naquilo, no poema, mas não recordava as palavras, só o clima, como alguém que cantarolasse uma música sem conhecer direito a melodia.

Isso foi em 1957. Mas lembrar a data pouco adiantava. O problema era lembrar quanto tempo se passara desde 1957. De qualquer modo, na verdade tudo era muito simples: havia a vida antes do Exército, que era ótima, e depois o Exército, um pesadelo do qual ele nunca havia despertado.

Exercícios no frio do amanhecer, homens defecando uns diante dos outros, uma comida que embrulhava seu estômago antes mesmo de prová-la. Dois caras lutando ao pé da cama dele, um esmurrando a cabeça do outro no chão até o sangue espirrar em suas cobertas, o resto da soldadesca berrando como loucas ao redor deles. Limpar a privada cor de ferrugem, com o cheiro das fezes de outros homens nas mãos, vomitar no vaso ao mesmo tempo que o limpava.

— Não está limpo, Young, limpe de novo.
— Sim, senhor.

À noite ele caía na cama, exausto, mas sem conseguir dormir. Fitava o teto, e as dores no corpo lhe deixavam manchas roxas e vermelhas nos olhos. Quando dormia, sonhava que estava de volta aos exercícios de ordem-unida, marchando durante todo o restante da noite até que o barulho do bastão do sargento batendo no pé de sua cama rachava seu sono como um machado.

 Ele se drogava sempre que podia: álcool caseiro, comprimidos, maconha, tudo quanto conseguia. Se o fazia logo de manhã, o dia deslizava como se fosse um sonho com corredeiras de águas brancas, um sonho que acabava sem que ele soubesse o que havia acontecido. Às vezes quase tinha vontade de rir, apesar do medo que sentia: homens crescidos representando as fantasias de meninos, homens que odiavam o fato de a guerra ter acabado e estavam resolvidos a levá-la adiante da maneira que pudessem.

— Young!

— Sim, senhor.

— Seu crioulo de merda, safado, ignorante.

— Sim, senhor.

Era ridículo demais. Por mais que tentasse, não conseguia imaginar o sentido daquilo, ser xingado continuamente...

— Isso é um sorriso, Young?

— Não, senhor.

— Diga uma coisa, Young: você é escuro assim por natureza ou só se machuca com facilidade?

— Como assim, senhor?

Berros, ordens, comandos, insultos, ameaças — um delírio de bocas abertas e vozes exaltadas. Para onde quer que olhasse havia uma boca gritando, uma enorme língua cor-de-rosa se mexendo dentro dela como uma naja, faíscas de saliva voando por todo lado. Ele gostava de frases longas, torneadas como tulipas, mas no Exército eram só berros curtos, bruscos. As vozes ganhavam timbres de bastões esfregados em metal. As palavras se inteiriçavam em punhos, vogais nodosas lhe espancavam os ouvidos: até a fala era uma forma de violência. Quando não estava marchando, havia o som de outras pessoas marchando. À noite ecoava em seus ouvidos a memória de portas batendo, de calcanhares se entrechocando. Tudo o que ouvia lembrava uma forma de dor. O Exército era a negação da melodia, e ele se via imaginando que alívio seria ser surdo e nada escutar, ser cego, viver em torpor. Privação de sentidos.

Do lado de fora do dormitório de sua unidade, havia minúsculos canteiros em que nada crescia. Tudo era concreto, exceto essas faixas estreitas de solo pedregoso, que só existiam para ser mantidas sem nenhuma espécie de vida vegetal. Uma flor que fosse cultivada ali só poderia ser feia e bruta como ferro-velho. As ervas daninhas começaram a lhe parecer belas como girassóis.

Céus de lata, nuvens de amianto. Os pássaros evitavam sobrevoar o quartel. Um dia ele viu uma borboleta e se espantou.

Ele saiu do hotel e caminhou até um cinema onde estava passando *Legião invencível*. Já tinha visto esse filme, mas não fazia diferença — era provável que tivesse visto todos os faroestes já feitos. A tarde era o pior período do dia, e um filme engolia boa parte dela de uma vez só. Além disso, ele não estava a fim de passar a tarde no escuro, assistindo a filmes ambientados de noite, filmes de gângsteres ou de horror. Nos faroestes era sempre de tarde, e por isso podia evitar a tarde e, ao mesmo tempo, fartar-se dela. Ele gostava de ficar chapado e deixar flutuar as imagens diante de seus olhos como a bobagem que eram. Torcia pelos velhos e pelos doentes, sem saber direito quem eram os agentes da lei e os bandidos, indiferente a tudo que rolava na tela, menos à paisagem descorada e às nuvens que, como diligências, corriam contra um fundo de céu azul-areia. Ele não teria como aguentar a passagem do dia sem os faroestes, mas enquanto os via ficava ansioso para que acabassem, esperando, agitado, o fim do enigma das contas a serem resolvidas, e pudesse voltar para a tarde que esmaecia.

Chovia quando o filme acabou. Caminhando lentamente de

volta ao Alvin, ele avistou um jornal na sarjeta, com uma foto sua numa página. O jornal chupava a chuva como uma esponja, o papel se dissolvia, o aguaceiro inchava seu retrato, palavras apareciam através de seu rosto, que terminou transformado numa pasta cinzenta.

No hospital, depois de sofrer uma lesão durante o treinamento, ele foi entrevistado pelo chefe da neuropsicologia: um médico, mas também um soldado, habituado a lidar com rapazes cujo cérebro fora despedaçado pelo que tinham visto em combate, mas cuja solidariedade se reduzia bastante quando se tratava de problemas de não combatentes. Escutou, impaciente, as respostas caóticas e sem sentido de Young, persuadido de que se tratava de um homossexual, mas fazendo um diagnóstico mais detido em seu laudo: "Estado psicopático constitucional manifestado por toxicodependência (maconha, barbitúricos), alcoolismo crônico e tendência a viver sem moradia fixa [...]. Um problema puramente disciplinar".

Pensando melhor, como num sumário, acrescentou: "Jazz".

Saíram do bar juntos, Lady com seu casaco branco de pele, agarrada ao braço dele como a uma bengala. Ela estava morando em algum lugar perto do Central Park, sozinha com seu cachorro, com as persianas cerradas de modo que a luz que entrava era sempre velada. Em certa ocasião ele estivera lá e a vira alimentar o cachorro com uma mamadeira de neném. Observou-a com lágrimas nos olhos, não porque sentisse pena dela, mas porque sentia pena de si mesmo e do passarinho que fora embora, deixando-o. Ela tocava seus discos velhos para escutar Lester, do mesmo modo que Lester fazia para ouvi-la.

Aquela noite era a primeira vez que ele via alguém em... não saberia dizer quanto tempo. Ninguém mais falava com ele, ninguém entendia o que ele dizia, a não ser Lady. Ele inventara sua própria língua, na qual as palavras eram apenas uma melodia, e a fala, uma espécie de canto — uma linguagem melíflua que edulcorava o mundo mas que era impotente para mantê-lo à distância. Quanto mais cruel se mostrava o mundo, mais doce se tornava sua linguagem, até que suas palavras se tornaram semelhantes a uma algaravia de bela cadência, uma canção deslumbrante que só Lady tinha ouvidos para ouvir.

Pararam na esquina, à espera de um táxi. Aliás, ela e Lester tinham, provavelmente, passado mais tempo da vida em táxis e ônibus do que as pessoas comuns passavam em casa. Os sinais de trânsito pendiam como encantadoras lanternas de Natal: vermelhos e verdes perfeitos num céu azul. Lady puxou Lester para mais perto, até que a aba do chapéu dele cobrisse o rosto dela, e o beijou no rosto. O relacionamento deles dependia desses pequenos toques: lábios que se roçavam, uma mão no cotovelo do outro, ela manter os dedos dele em suas mãos como se já não fossem substanciais o bastante para se arriscar a um contato mais firme. Pres era o homem mais delicado que ela já conhecera, seu som era como uma estola em torno de ombros nus, sem peso algum. Ela amara a música dele mais que a de todos os outros, e é provável que o amasse como jamais amara alguém. Talvez o amor de alguém por uma pessoa com quem nunca transou fosse sempre mais puro que pelos demais. Uma pessoa assim nunca lhe prometia nada, mas cada momento era como uma promessa prestes a ser feita. Ela olhou seu rosto, esponjoso e cinzento de bebida, e ficou a imaginar se na vida de ambos as sementes da ruína eram congênitas, uma ruína que haviam postergado por alguns anos, mas da qual jamais poderiam escapar. Álcool, heroína, prisão. Não que os músicos de jazz morressem cedo; eles apenas envelheciam mais depressa. Ela vivera mil anos nas músicas que cantava, músicas de mulheres machucadas e dos homens a quem amavam.

Passou um policial e logo depois um turista gorducho que hesitou, fitou-os de novo, resolveu falar e perguntou a ela, com sotaque alemão, se era Billie Holiday.

— Você é uma das duas maiores cantoras deste século — declarou.

— Ah, é? Só uma das duas? E quem é a outra?

— Maria Callas. É uma tragédia vocês não terem cantado juntas.

— Bem, obrigada.

— E você deve ser o grande Lester Young — disse o homem, virando-se para Lester. — O presidente, o homem que aprendeu a sussurrar com o sax tenor quando todo mundo queria gritar.

— Ding-dong, ding-dong — disse Lester, sorrindo.

O alemão olhou para ele por um segundo, pigarreou, apresentou-lhes um envelope de carta aérea, em que os dois rabiscaram o nome. Sorrindo, o homem apertou-lhes as mãos, escreveu seu endereço em outro envelope e lhes disse que sempre seriam bem-vindos em Hamburgo.

— Europa — disse Billie, vendo-o afastar-se pela rua.

— Europa — disse Lester.

Um táxi parou, no instante exato em que começava a chover. Lester beijou Lady e ajudou-a a entrar, acenando para ela enquanto o carro se metia no meio das luzes móveis do tráfego.

Quando estava a poucas quadras do hotel, ele começou a atravessar a rua, e carros passavam céleres à sua volta como se ele fosse um fantasma. No momento, não fez ideia do que estava acontecendo, mas, assim que chegou à calçada oposta, lembrou-se dos olhos do motorista, arregalados de horror, dos rangidos de freios e de uma mão agarrada à buzina até o carro passar por ele como se simplesmente não estivesse ali.

Na corte marcial, ele se sentiu relaxado: nada do que acontecesse poderia ser pior do que suas experiências anteriores. E, se ele causava tantos problemas, por que não o expulsavam de vez? Ele receberia com prazer uma expulsão desonrosa. Um psiquiatra o descreveu como um psicopata constitucional, que provavelmente nunca se tornaria um soldado satisfatório. Lester deu consigo a fazer que sim com a cabeça, quase sorrindo: claro, ele sabia disso, sabia muito bem disso.

Chegou a vez de Ryan no banco das testemunhas, de pé como se estivesse empalado por um fuzil e uma baioneta, expondo os pormenores da prisão de Young, que não se deu ao trabalho de prestar atenção. Sua lembrança do que acontecera era clara, clara como gim caseiro. Foi depois de uma tarefa no comando do batalhão, e ele delirava de cansaço, estava indiferente a tudo, tão exausto e debilitado que se sentia tomado por um desconsolo que beirava a euforia. Mesmo quando ergueu os olhos para as paredes cor de sangue e viu Ryan de pé sobre ele, quase não lhe deu atenção alguma, nem pestanejou, pois estava se lixando para o que desse e viesse.

— Você parece doente, Young.
— Ah, só estou chapado.
— Chapado.
— Fumei um baseado, tomei umas anfetaminas.
— Você está com drogas aí?
— Claro.
— Posso vê-las?
— Opa, claro. Pegue um pouco, se quiser.

Segurando seus papéis, o advogado de defesa ouviu o depoimento de Ryan e perguntou:

— Quando foi a primeira vez que o senhor tomou conhecimento de que o réu estava sob a influência de substâncias como narcóticos?

— Eu suspeitei disso desde que ele chegou à companhia.

— O que levou o senhor a suspeitar?

— Bem, a cor dele, senhor, o fato de seus olhos parecerem injetados e também o fato de ele não responder ao treinamento como deveria.

Pres devaneou de novo. Pensou em luzes amarelas num campo, em papoulas rubras balançando numa brisa.

Logo em seguida, deu-se conta de que ele próprio estava no banco das testemunhas, de pé ali em seu uniforme sem graça, segurando uma Bíblia escura.

— Qual é a sua idade, Young?

— Tenho trinta e cinco anos, senhor.

Sua voz flutuava na sala do tribunal como o barquinho de uma criança num lago azul.

— Você é músico de profissão?

— Sim, senhor.

— Já tocou numa banda ou orquestra na Califórnia?

— Count Basie. Toquei com ele dez anos.

Surpresos, todos os membros da corte ficaram hipnotizados com essa resposta, ansiosos por ouvir sua história.

— Você vem consumindo narcóticos há algum tempo?

— Durante dez anos. Este é o décimo primeiro.

— Por que começou a usá-los?

— Bem, senhor, na orquestra a gente fazia muitas apresentações isoladas, só uma noite. Eu ficava acordado a noite toda e fazia outro baile em seguida, era a única forma de ganhar o suficiente.

— Outros músicos também os usavam?
— Tomavam. Todos os que eu conhecia.
Ocupar o banco para depor era como subir ao tablado para executar um solo. Canto e resposta. Ele percebia que estava prendendo a atenção daquele tribunal pequeno, de poucos integrantes. Era um bando de metidos a sebo, mas prestavam muita atenção em cada palavra sua. Tal como num solo, era preciso contar uma história, cantar para eles a canção que queriam ouvir. Todos no tribunal estavam com os olhos pregados nele. Quanto mais se concentravam no que ele dizia, mais lenta e mais baixa se tornava a sua voz, deixando palavras pendentes, fazendo pausas no meio de uma frase, e a cantilena de sua voz os fascinava, os mesmerizava. A atenção deles de repente pareceu tão familiar que ele supôs ouvir as batidas de copos, o som de gelo tirado de um balde, o turbilhão de fumaça e de gente falando...

O advogado do Exército estava lhe perguntando agora se eles sabiam de sua toxicodependência quando ele se apresentou à junta de alistamento.

— Bem, eu tenho certeza de que sabiam, senhor, porque, antes de eu começar a servir no Exército, tive de fazer uma punção lombar contra a minha vontade. Quando eu desci, estava muito chapado e me meteram na cadeia, e eu estava tão chapado que tiraram o uísque de mim e me puseram numa cela acolchoada e revistaram minha roupa enquanto eu estava nessa cela.

As pausas entre as frases, as conexões incompletas, a voz sempre um pouco atrás do sentido do que ele dizia. Dor e uma amável perplexidade em cada palavra. Não importava o que ele estava dizendo, bastava o som, a forma como as palavras ganhavam forma uma ao redor da outra, para que cada membro da corte tivesse a sensação de que as palavras do réu se dirigiam somente a ele, em particular.

— Quando você diz que estava bastante chapado, o que quer dizer com isso? Está se referindo ao uísque?

— Ao uísque, à maconha e aos barbitúricos, isso mesmo, senhor.

— Você pode explicar o que sente quando fala de estar chapado?

— Bem, essa é a única maneira que conheço para me explicar.

— Quando você está chapado, isso o afeta fisicamente?

— Ah, muito, sim, senhor. Eu não tenho vontade de fazer nada. Não me interesso por tocar meu instrumento, não quero estar perto de ninguém...

— Isso o afeta de uma forma ruim?

— Só um pouco de nervosismo.

Sua voz era como uma brisa em busca do vento.

Seduzidos pela voz e, a seguir, odiando-se por sucumbir a ela, eles o sentenciaram a um ano na prisão militar em Fort Gordon, na Geórgia. Pior ainda que o Exército. No Exército, estar livre significava sair do Exército; ali, liberdade significava estar de volta ao Exército. Piso de concreto, porta de ferro, camas metálicas suspensas na parede por correntes grossas. Até os cobertores — ásperos, cinzentos — davam a impressão de terem sido tecidos com aparas de ferro varridas do chão da oficina da prisão. Todas as coisas naquele lugar pareciam projetadas para lembrar ao preso como lhe seria fácil explodir os miolos. Em comparação com essas coisas, o crânio humano parecia delicado como papel de seda.

Portas que batiam, vozes fragorosas. A única forma que ele tinha de não gritar era chorar, e para não chorar ele tinha de gritar. Tudo o que fazia piorava as coisas. Ele não conseguia aguentar, não conseguia aguentar — mas não havia o que fazer senão aguentar. Ele não aguentava — mas até dizer isso era um modo de aguentar. Tornou-se mais calado, não olhava ninguém nos olhos, procurava lugares onde se esconder, mas não havia nenhum, e passou a tentar ficar dentro de si mesmo, com os olhos saltando do rosto, como o rosto de um ancião através da abertura entre as cortinas.

À noite ele se deitou na cama e olhou para o trecho de céu noturno que aparecia na janelinha da cela. Ouviu o sujeito que dormia na cama ao lado voltar-se para ele, com o rosto amarelo à chama de um fósforo.

— Young?... Young?
— Ahn...
— Está olhando para as estrelas?
— Estou.
— Elas não estão lá.
Ele nada disse.
— Ouviu o que eu disse? Elas não estão lá.

Estendeu a mão para pegar o cigarro que o homem lhe oferecia, e deu uma tragada profunda.

— Todas estão mortas. A luz demora tanto tempo para vir de lá até aqui que, quando chega, elas já morreram. Apagaram. Lester, você está olhando para uma coisa que não existe mais. As que existem, a gente não pode ver ainda.

Soprou a fumaça na direção da janela. As estrelas mortas ficaram turvas por um segundo e depois brilharam de novo.

Ele empilhou discos no toca-discos e foi até a janela, vendo a lua baixa esconder-se atrás de um edifício abandonado. As paredes internas tinham sido removidas e daí a alguns minutos ele pôde ver a lua claramente através das janelas quebradas na fachada do edifício. Estava emoldurada de forma tão exata pela janela que se tinha a impressão de que estava realmente dentro do edifício: um corpo celeste prateado preso num universo de tijolos. Enquanto continuava a observá-la, a lua saiu da janela lentamente, como um peixe — para reaparecer em outra janela, minutos depois, vagando devagar pelo edifício vazio, olhando janela por janela à medida que cumpria seu percurso.

Uma lufada de vento correu pelo quarto à sua procura, com as cortinas apontando em sua direção. Ele atravessou o cômodo, fazendo o assoalho estalar, e esvaziou o restante da garrafa no copo. Voltou a deitar na cama, fitando o teto cor de nuvens.

Esperava que o telefone tocasse e que alguém lhe informasse que ele morrera dormindo. Acordou com um sobressalto e agarrou o telefone silencioso. O receptor engoliu suas palavras em dois tragos, como uma cobra. Os lençóis estavam molhados como algas, o quarto submerso na névoa oceânica do neon verde.

Dia e depois noite de novo, a cada dia uma estação. Ele já fora a Paris, ou isso era apenas um plano seu? Ou era no mês seguinte ou então ele já tinha ido e voltado. Lembrou-se de uma estada em Paris, anos antes, quando ele vira o Túmulo do Soldado Desconhecido no Arco do Triunfo, a inscrição 1914-8 — a tristeza que aquilo ainda lhe provocava, pensar que alguém tinha morrido tão jovem.

A morte já não era nem mesmo uma fronteira, era apenas uma coisa pela qual ele vagueava ao acordar em sua cama e ir até a janela, uma coisa que ele fazia com tanta frequência que não sabia de que lado dela estava. Às vezes, como uma pessoa que se belisca para ver se está sonhando, ele tomava o próprio pulso para ver se ainda estava vivo. Em geral não conseguia achar pulso nenhum, não no punho, no peito ou no pescoço. Se prestava bastante atenção, julgava conseguir escutar uma batida lenta e abafada, como um tambor em surdina num enterro distante, ou como alguém enterrado vivo, batendo na terra úmida.

As cores estavam escapando das coisas, até o anúncio lá fora era um pálido resíduo de verde. Tudo estava ficando branco. Depois compreendeu: era neve, caindo na calçada em enormes flocos, abraçando os galhos das árvores, estendendo um manto branco sobre os carros estacionados. Não havia tráfego, nenhum transeunte, absolutamente nenhum barulho. Toda cidade tem silêncios assim, intervalos de repouso em que — pelo menos durante um momento em um século — ninguém está falando, nenhum telefone toca, não há TV ligada ou carro em movimento.

Quando o ruído do tráfego recomeçou, ele tocou a mesma pilha de discos e voltou à janela. Sinatra e Lady Day: sua vida era uma canção que chegava ao fim. Comprimiu o rosto contra a vidraça e fechou os olhos. Ao abri-los de novo, a rua era um rio escuro, e a neve cobria suas margens.

Duke acordou quando cruzavam a divisa interestadual. Piscou, passou a mão no cabelo e olhou para a paisagem, tão escura quanto antes. Os restos de um sonho se derretiam em sua cabeça, infundindo nele uma vaga tristeza. Ajeitou-se no assento, dando um gemido ao sentir a dorzinha nas costas.

— Luz — pediu, tateando no bolso traseiro da calça, em busca de alguma coisa em que escrever. Harry estendeu a mão e acendeu a lâmpada interna, enchendo o carro com uma luminosidade débil que fez a noite e a estrada parecerem mais escuras ainda. Duke buscou uma caneta no painel e rabiscou coisas nas bordas de um cardápio meio enrolado. Havia escrito mais horas de música que qualquer outro americano, e era assim que a maior parte delas começava, rabiscada em qualquer coisa à mão: papel de embrulho, envelopes, cartões-postais, papelão de caixas de cereal rasgadas. Sua música começava assim e era também assim que acabava: partituras originais jogadas na lixeira, depois de alguns ensaios, como guardanapos de sanduíches manchados de maionese e ketchup,

ficando os elementos essenciais da música confiados à guarda da memória coletiva da orquestra.

Com a caneta suspensa sobre o cardápio, sua atenção se intensificou, como se ele estivesse lembrando alguma coisa do sonho e tentasse concentrar a memória um pouco mais. Tinha sonhado com Pres, com seus últimos anos, quando ele estava morando no Alvin, já desinteressado de continuar a viver. Em vez de ficar na Broadway, o hotel do sonho era cercado por uma nevada paisagem rural. Anotou o que conseguia lembrar do sonho, intuindo que havia nele algo que poderia utilizar numa peça em que vinha pensando, uma suíte que cobria a história da música. Já tinha feito algo semelhante antes — "Black, Brown and Beige" —, mas essa obra seria especificamente sobre o jazz. Não seria uma crônica, nem, na verdade, uma história, mas outra coisa. Vinha trabalhando com ideias breves, coisas que lhe ocorriam de repente. Suas obras maiores eram colagens de fragmentos, mas o que tinha em mente agora era uma série de retratos, não de pessoas que ele houvesse necessariamente conhecido... Não sabia com precisão o que iria tentar fazer, mas sentia a ideia bulir dentro dele, tal como uma mãe sente o primeiro chute da criança no ventre. Dispunha de muito tempo — tinha sempre muito tempo até estar prestes a ficar sem tempo, até uma semana antes da estreia de qualquer coisa que estivesse tentando escrever. Se o prazo era a sua inspiração, a falta de tempo suficiente era a sua musa. Alguns de seus melhores trabalhos tinham sido escritos quando ele se esfalfava para cumprir um prazo, como alguém que corresse para pegar um avião. "Mood Indigo" fora composta em quinze minutos, enquanto sua mãe acabava de preparar o jantar; "Black and Tan Fantasy" lhe ocorrera em poucos minutos, no banco traseiro de um táxi a caminho do estúdio de gravação e depois de uma noite de bebedeira. "Solitude" não exigira mais que vinte minutos, rabiscada com ele em pé no estúdio, *porque faltava uma música... Isso mesmo, não havia por que se preocupar, ele tinha tempo de sobra.*

Fez anotações até não restar mais espaço no cardápio, e ainda enfiou algumas linhas entre Antepastos e Entradas antes de atirar tudo de volta no painel.

— O.k., Harry.

Carney apagou a lâmpada, e o rosto deles voltou a ser iluminado apenas pelo brilho tênue dos instrumentos do painel: o velocímetro fixo em oitenta, o marcador de combustível na risca central do mostrador.

Ele não gostava de coisas novas. Como um cego, preferia objetos que houvesse usado durante muito tempo, mesmo que fossem coisinhas como canetas ou facas, coisas com as quais estivesse familiarizado.

Caminhando com ele certa tarde, esperávamos que o sinal mudasse numa esquina perto de onde ele morava — estávamos sempre perto de onde ele morava. Ele apoiou a mão num poste de luz, afagando-o com afeição:

— Meu poste predileto.

Todo mundo na vizinhança o conhecia. Quando entrava em lojas, jovens o saudavam — Ei, Monk, como vai? Por onde andou, Monk? — e ele enrolava alguma coisa, parava para cumprimentar quem o chamava ou apenas caminhava de um lado para o outro na calçada. Gostava de ser reconhecido assim. Não era tanto o fato de se sentir famoso, mas uma forma de ampliar o seu lar.

Ele e Nellie se mudaram para um apartamento na altura das ruas Sessenta Oeste e ali residiram, com os filhos, durante trinta anos. Dois incêndios os obrigaram a se mudar e duas vezes eles voltaram para ali. Grande parte do espaço era ocupado por um Baby Steinway, espremido num canto da copa-cozinha, como se fosse um eletrodoméstico culinário. Quando ele tocava, suas costas ficavam tão perto do fogão que ele se arriscava a se queimar. Mesmo quando compunha, não se importava com a barafunda à sua volta. Trabalhava em uma música complicada com crianças brincando debaixo do piano, o rádio tocando alto música country e Nellie preparando o jantar, enquanto ele continuava, tranquilamente, como se estivesse no claustro de um antigo mosteiro.

— Para ele, nada fazia diferença, contanto que ninguém se metesse com ele ou com Nellie. Não lhe importava que ninguém escutasse sua música, contanto que ele pudesse tocá-la. Durante seis anos, depois que foi preso por posse de drogas e perdeu sua licença de músico,* aquele cômodo foi praticamente o único lugar em que tocou.

Ele e Bud Powell estavam num carro, encostado no meio-fio por ordem da polícia. Bud era o único que levava alguma droga consigo, mas congelou, segurando um papelote de heroína. Monk o arrancou de sua mão e o jogou pela janela, fazendo com que

---

* O New York City Cabaret Identification Card, emitido pela polícia, vigorou de 1927 a 1967 e era obrigatório para todos que trabalhavam em restaurantes e casas noturnas da cidade de Nova York, inclusive músicos, cantores e outros artistas. (N. T.)

borboleteasse no ar até cair numa poça, onde ficou boiando como um iatezinho de origami.

Monk e Bud continuaram sentados, vendo as luzes vermelhas e azuis do carro da polícia que giravam em torno deles como um rotor de helicóptero, com a chuva perolando de suor a reverberação branca do para-brisa e os limpadores marcando o tempo como um metrônomo. Bud rígido, como que envolto em arame farpado. Podia-se escutar o suor que corria dele. Já sabendo como acabaria aquela cena, Monk só esperava que ela começasse, acompanhando pelo retrovisor os vultos dos policiais com capa de chuva negra, ao mesmo tempo que procurava controlar a respiração. O facho de uma lanterna iluminou o interior do carro. Sempre sereno, Monk saiu do carro e no mesmo instante uma poça d'água o agarrou pelo pé e logo se nivelou de novo, como alguém que, sobressaltado, acordasse por um instante.

— Como se chama?
— Monk.
— Está com a identidade?

Monk começou a levar a mão ao bolso.

— Devagar — mandou o policial com um gesto, saboreando o tom ameaçador com que lentamente dizia isso.

Monk entregou-lhe a carteira com o cartão de cabaré, no qual a foto era tão escura que poderia ser de qualquer pessoa. Olhou de relance para Bud no carro, com os olhos cheios de chuva e luzes.

— Thelonious Sphere Monk. É você?
— Sou — a palavra se soltou de sua boca como um dente.
— Nome imponente.

Chuva caindo em charcos de neon vermelho-sangue.

— E quem é aquele ali?
— Bud Powell.

Sem pressa alguma, o policial se abaixou, pegou o papelote de heroína, olhou seu conteúdo e provou um pouco na língua.
— Isso é seu?
Monk olhou para Bud, que tremia dentro do carro, e olhou de novo para o policial.
— Isso é seu ou dele?
Monk não se mexeu, com a chuva caindo ao redor dele. Fungou.
— Então acho que é seu — o policial deu outra olhada no cartão de cabaré e atirou-o numa poça como se fosse uma guimba.
— Acho que não vai precisar disso por algum tempo, Thelonious.
Monk olhou para a chuva que tamborilava no cartão, agora uma jangada num lago escarlate.

Monk foi preso, mas jamais disse uma palavra. Nem sequer lhe passaria pela cabeça dedurar Bud. Sabia bem qual era o estado de Bud. Monk era esquisitão, fechando-se em si mesmo de repente, como comumente fazia, mas Bud era uma ruína, um toxicômano, um alcoólatra, passava a metade do tempo tão doidão que era como um paletó sem ninguém dentro. Não conseguiria de forma alguma sobreviver à cadeia.

Monk cumpriu noventa dias e nunca falou sobre a prisão. Nellie o visitava, dizia-lhe que estava tentando de todas as formas tirá-lo dali, mas o que mais fazia era esperar que ele lhe dissesse alguma coisa, lendo seus olhos. Depois de solto, ele não pôde mais tocar em Nova York. A ideia de um trabalho comum nunca lhe passou pela cabeça, e a essa altura ele não teria mesmo como arranjar emprego, de modo que Nellie foi trabalhar. Ele gravou alguns discos, tocou fora da cidade algumas vezes, mas Nova York era a sua cidade e ele não via por que teria de sair dela. Em geral ficava em casa. Como ele dizia, morto.

O período dos anos inexistentes, como Nellie os chamava, chegou ao fim quando o 5-Spot ofereceu a Monk um lugar fixo pelo tempo que quisesse, até quando as pessoas quisessem ouvi-lo. Nellie ia lá quase todas as noites. Se não fosse, ele ficava inquieto, tenso, fazia pausas mais longas que as habituais entre um número e outro. Às vezes, no meio de uma série, telefonava para casa a fim de saber como ela estava, grunhindo, fazendo no fone ruídos que ela interpretava como uma terna melodia de afeição. Deixava o fone fora do gancho e voltava ao piano de forma que Nellie pudesse ouvir o que estava tocando para ela, levantando-se de novo no fim da música, metendo outra moeda na fenda.

— Está aí ainda, Nellie?
— Que bonito, Thelonious.
— Oêê, oêê — fitava o telefone como se estivesse segurando algo excepcional.

Ele não gostava de sair do apartamento, e suas palavras resistiam a deixar sua boca. Em vez de saírem de seus lábios, as palavras rolavam de volta para a garganta, como uma onda que retornasse para o mar em vez de quebrar na praia. Ele engolia ao pronunciar as palavras, articulando-as estranhamente, como se falasse uma língua estrangeira. Não fazia concessões em sua música, só esperava que o mundo compreendesse o que estava fazendo, e o mesmo se passava com sua fala — esperava que as pessoas aprendessem a decifrar seus grunhidos e gemidos modulados. Em grande parte do tempo, utilizava poucas palavras — merda, puto, oêê, nummm —, mas também gostava de dizer coisas que ninguém compreendia. Gostava de palavras rebuscadas como títulos de suas músicas — "Crepuscule", "Epistrophy", "Pannonica", "Misterioso" —, palavras sonoras que eram também engraçadas, tão difíceis de pronunciar quanto suas músicas eram difíceis de executar.

Havia noites em que ele fazia um discursinho no palco, com as palavras se perdendo em matagais de saliva.

— Ei! Borboletas são mais rápidas do que pássaros? Devem ser, porque, com todos esses pássaros que tem lá onde moro, tem também uma borboleta, que voa para onde quer. Isso aí. Uma borboleta preta e amarela.

Ele lançara o visual do *bebop* — boina e óculos escuros —, mas esse visual se tornara um uniforme, tal como a música. Agora, quando tocava, preferia ternos bem sóbrios, ou blazers esportivos, combinando-os com chapéus que desafiavam a lógica, mas que ele fazia parece inteiramente normais — como se um daqueles chapéus usados por camponeses asiáticos fosse acessório essencial para um terno, tanto quanto a gravata é essencial para um paletó.

— Por acaso seus chapéus tinham algum efeito sobre sua música?

Um sorriso largo se abria em seu rosto.

— Numm, hahaha. Bem, numm sei. Talvez sim…

Quando outro músico solava, ele se levantava e dançava. Começava tranquilo, batendo um pé e estalando os dedos, depois levantava os joelhos e os cotovelos, girava, balançava a cabeça, zanzando de um lado para o outro com os braços estendidos. Sempre dava a impressão de que estava prestes a cair. Rodava, rodava e rodava no mesmo lugar, e então voltava ao piano correndo, exultante e decidido. As pessoas riam quando ele dançava, e essa era a reação mais apropriada quando ele arrastava os pés como um urso depois de um primeiro gole de bebida forte. Era um homem engraçado, sua música era engraçada, e a maior parte do que ele dizia era piada, só que ele não falava muito. Sua dança era uma forma de regência, de achar uma maneira de entrar na música. Ele tinha de se introduzir numa composição, até ela ser parte dele, até ele introjetá-la, penetrar nela como uma broca furando madeira. Assim que se enterrava numa canção, quando a conhecia de trás para a frente, então tocava em torno dela, nunca dentro dela — mas o toque transmitia sempre intimidade, objetividade, porque ele estava em sua essência, ele estava nela. Ele não tocava em torno de uma linha melódica, tocava em torno de si mesmo.

— Qual é a razão de sua dança, Mr. Monk? Por que o senhor dança?

— Canso de ficar sentado na frente do piano.

Era preciso ver Monk para ouvir direito a sua música. O instrumento mais importante do grupo — fosse qual fosse a formação — era seu corpo. Na verdade, ele não tocava piano. Seu corpo era seu instrumento, e o piano, apenas um meio de tirar o som de seu corpo, no ritmo e na quantidade que ele queria. Se alguém eliminasse tudo, menos seu corpo, pensaria que ele estava tocando a bateria, o pé subindo e descendo no pedal do chimbau, um braço se erguendo sobre o outro. Seu corpo preenchia todas as pausas na música; sem vê-lo, sempre parecia faltar alguma coisa, mas vendo-o até os solos de piano adquiriam um som encorpado como o de um quarteto. O olho escuta o que escapa ao ouvido.

Qualquer coisa que fizesse parecia produzir um resultado

certo. Procurava um lenço no bolso, pegava-o e tocava só com aquela mão, segurando o lenço, enxugando notas que haviam escorrido do teclado, limpava o rosto enquanto mantinha a melodia com a outra mão, como se tocar piano fosse fácil como assoar o nariz.
— Mr. Monk, o que o senhor acha das oitenta e oito teclas do piano? Elas são demais ou de menos?
— Já é difícil usar as oitenta e oito.

Boa parte do jazz está na ilusão de espontaneidade, e Monk tocava como se nunca tivesse visto um piano. Atacava-o de todos os ângulos, usava os cotovelos, dava-lhe golpes, espalhava notas como se o teclado fosse um baralho, batia os dedos nas teclas como se estivessem em brasa ou saltitava nelas como uma mulher de salto alto — cometendo todos os erros possíveis segundo as regras do piano clássico. Tudo acontecia torto, em ângulo, e não como se esperava. Se ele tocasse Beethoven, atendo-se rigidamente à partitura, a simples forma como premia as teclas, o ângulo em que seus dedos tocavam o marfim, a teria desarticulado, feito com que ela ganhasse balanço e virasse de cabeça para baixo, como uma melodia de Monk. Tocava com os dedos planos, estendidos sobre as teclas, quase como se estivessem virados para cima, quando deveriam estar arqueados.
Um jornalista lhe falou disso, sobre como ele feria as teclas.
— Bato nelas do jeito que sai na hora.

Tecnicamente, ele era um pianista limitado, no sentido de que havia muitas coisas que não era capaz de fazer, mas no entanto conseguia fazer tudo o que queria, e portanto a questão da técnica não era obstáculo para ele. Na medida em que ninguém poderia, com certeza, tocar sua música como ele (e havia muitas coisinhas que quem tocava piano direito não conseguiria fazer), Monk tinha mais técnica do que qualquer pessoa. Uma questão de equilíbrio: não lhe vinha à mente nada que quisesse fazer e não pudesse.

Ele tocava cada nota como que ainda maravilhado com a anterior, como se cada toque de seus dedos no teclado estivesse corrigindo um erro, e esse toque, por sua vez, se tornava um erro a ser corrigido, e com isso a música nunca saía exatamente da forma como ele pretendia. Às vezes era como se a música tivesse sido virada pelo avesso ou composta do começo ao fim somente de erros. As mãos dele eram como dois jogadores de basquete que tentassem pegar um ao outro no contrapé; ele estava sempre se pegando no contradedo. Entretanto, havia uma lógica nisso, uma lógica muito própria de Monk: se alguém sempre tocasse a nota menos esperada, surgiria uma forma, uma impressão em negativo do que tinha sido previsto inicialmente. Você sempre sentia que no âmago da peça havia uma bela melodia que saíra de trás para a frente, invertida. Ouvi-lo tocar era como ver alguém tomado de agitação nervosa: a gente se sentia incomodado até começar a fazer a mesma coisa.

De vez em quando, suas mãos se detinham e mudavam de direção em pleno ar. Como se, jogando xadrez, ele pegasse uma peça, a movesse pelo tabuleiro, hesitasse e então fizesse uma jogada diferente daquela que imaginara de início — um movimento audacioso, que parecia deixar toda a sua defesa arruinada e, ao mesmo tempo, não contribuía em nada para a estratégia de ataque. Até você compreender que ele redefinira a partida: a ideia era obrigar o oponente a ganhar: se você ganhasse, perdia, se perdesse, ganhava. Isso não era extravagância: se você pudesse jogar assim, o jogo comum ficava mais simples. Ele enjoara de tocar o xadrez do *bebop* da forma convencional.

Ou pode-se ver isso de outra forma. Se Monk tivesse construído uma ponte, teria eliminado os elementos considerados essenciais, até só restarem as partes decorativas, mas de alguma forma ele teria feito a ornamentação absorver as vigas de sustentação, de modo que era como se tudo estivesse construído em torno do que não estava presente. A ponte não deveria se sustentar, mas se sustentava, e o encanto vinha do fato de dar a impressão de que poderia ruir a qualquer momento, da mesma maneira que a música de Monk sempre parecia ameaçada de desmoronar.

Essa era a grande diferença: as extravagâncias são sempre iguais a si mesmas, não se arriscam a ser mais que extravagâncias. E Monk sempre arriscava, e suas apostas eram altas. Ele corria riscos, e não há riscos na extravagância. As pessoas pensam que para ser extravagantes basta fazer o que quiserem, mas Monk ia muito além disso. Fazia tudo o que queria e elevou essa atitude ao nível de um princípio fundamental, com suas próprias exigências e sua própria lógica.

— Veja bem, o jazz sempre teve esse lado, o músico ter um som que é só dele, e por isso existe um monte de gente que talvez não tivesse sucesso em outras artes... porque teriam encoberto suas idiossincrasias... Por exemplo, se eles fossem escritores não iam fazer sucesso por serem ruins de ortografia ou de pontuação, se fossem pintores seria por não conseguirem traçar uma linha reta. Nem ortografia nem essa coisa de linhas retas são necessariamente importantes no jazz, e aí tem um monte de caras cuja histórias e pensamentos não são iguais aos de ninguém e que, sem o jazz, não teriam jeito de expressar todas as ideias e as merdas que têm dentro deles. Sujeitos de todas as classes, que não conseguiriam fazer sucesso como banqueiros, nem mesmo como encanadores. No jazz podem ser gênios, sem ele não seriam nada. O jazz pode ver coisas, pode arrancar das pessoas coisas que a pintura e a literatura não veem.

Monk insistia que os músicos da orquestra tocassem sua música como ele queria, mas não dependia deles, como Mingus. Era sempre Monk e o piano, era realmente isso o que importava na música. Para Monk o mais importante era que conhecessem bem sua música, e não que fossem grandes solistas. Sua música lhe vinha com tanta naturalidade que a ideia de que alguém tivesse dificuldade para executá-la o espantava. A menos que ele pedisse algo além das possibilidades físicas do instrumento, partia do pressuposto de que seus músicos eram capazes de tocar qualquer coisa que ele pedisse.

— Uma vez eu reclamei e disse que as escalas que ele tinha pedido eram impossíveis.
— Você quer dizer... Que elas não lhe dão tempo de respirar?
— Não, é que...
— Então você pode tocá-las.
Sempre havia alguém lhe dizendo que não tinha como tocar isso ou aquilo, mas, quando ele punha as pessoas diante de uma opção — Você tem o instrumento? Bem, quer tocar ou jogá-lo no lixo? —, viam que conseguiam tocar. Ele fazia com que parecesse uma estupidez ser músico e não ser capaz de tocar alguma coisa. Numa apresentação, levantava-se no meio da execução de um número, ia até um dos músicos, dizia alguma coisa em seu ouvido, sentava-se de novo e continuava a tocar, nunca se apressando, passeando pelo palco como suas mãos passeavam em torno da música. Tudo o que ele fazia era assim.
— Pare de tocar essa bobagem, cara. Toque, e, se você não

consegue tocar outra coisa, toque a melodia. Mantenha o ritmo o tempo todo. O fato de você não ser baterista não quer dizer que não possa suingar.

Certa vez Hawk e Trane estavam com dificuldade para entender uma partitura e pediram explicação a Monk.

— Você não é Coleman Hawkins, o homem que inventou o tenor? E você é John Coltrane, não é? A música está no saxofone e, juntos, vocês dois são capazes de resolver isso.

Em geral ele dizia pouca coisa sobre como queria que os músicos tocassem. Eles lhe faziam duas ou três perguntas, e ele não respondia, só olhava para a frente como se a pergunta estivesse sendo dirigida a outra pessoa, a outra pessoa e em outra língua. Fazia com que compreendessem que já sabiam as respostas àquelas perguntas.

— Quais destas notas aqui eu devo tocar?

— Toque qualquer uma — ele dizia afinal, sua voz um gargarejo.

— E aqui, este dó é sustenido ou natural?

— É um dos dois.

Ele mantinha a música que escrevia bem escondida, não queria que outras pessoas a vissem, da mesma forma como mantinha tudo junto dele. Quando saía de casa, gostava de estar com um casaco — o inverno era sua estação predileta — e preferia não ir muito longe. No estúdio de gravação, mantinha as partituras numa pastinha, relutando em permitir que outras pessoas as vissem, sempre metendo a pastinha num bolso do casaco, longe das vistas, quando acabava a sessão.

De dia, caminhava a esmo, ensimesmado, pensando em sua música, via TV, ou compunha quando lhe apetecia. Às vezes, caminhava durante quatro ou cinco dias seguidos, de início andando pelas ruas — indo para sul até a Sessenta, para norte até a Setenta, para oeste até o rio e três quarteirões para leste —, e depois restringindo aos poucos sua órbita, até dar uma volta na quadra e limitar-se aos cômodos do apartamento, andando sem parar, roçando as paredes, sem nunca pôr as mãos no piano, sem nunca sentar-se, e depois dormindo dois dias seguidos.

Mas também havia dias em que ele encalhava entre as coisas, dias em que a gramática da vida cotidiana e a sintaxe de manter os fatos coesos enguiçavam. Ficava perdido entre palavras, entre ações, sem entender algo simples como passar por uma porta, os cômodos do apartamento tornando-se um labirinto. Fugia-lhe à memória o uso das coisas, e a associação entre um objeto e sua função deixava de ser automática. Entrando numa sala, parecia surpreso que uma porta existisse para isso. Comia um prato como se estivesse pasmo com ele, como se um pão ou um sanduíche fossem de um mistério infinito, como se ele não tivesse recordação do gosto da última vez. Certa vez, num jantar, descascou uma laranja como se nunca na vida tivesse visto aquela fruta, em total silêncio, até que, olhando para a longa casca encaracolada, disse:

— Formas! — com um enorme sorriso se formando no rosto.

Em outras ocasiões, quando sentia o mundo investir contra ele, aquietava-se, retirava-se para dentro de si. Sentava-se numa poltrona, tão imóvel que parecia adormecido, mesmo estando de olhos abertos, e só a respiração fazia mexer de leve os fios da barba. Há um filme em que ele aparece assim, e só a fumaça que sobe demonstra que não se trata de uma fotografia. Conversar com Monk era como falar pelo telefone com alguém em outro continente: havia um retardo na comunicação, não de uma fração de segundo, mas que podia chegar a dez segundos, tão longo que era preciso fazer a mesma pergunta três ou quatro vezes. E se ele ficava tenso, a demora em reagir a estímulos de qualquer tipo se tornava cada vez mais longa, até que não havia mais resposta alguma e seus olhos se toldavam como uma crosta de gelo numa lagoa. Em geral, as ocasiões em que enfrentava dificuldades ocorriam quando estava longe de Nellie ou num ambiente desconhecido. Se alguma coisa não saía a contento e ele se sentia ameaçado, desligava de repente, apagava como uma lâmpada.

Se Nellie estava presente quando ele se perdia interiormente assim, ela certificava-se de que tudo estivesse bem e esperava que ele achasse a saída. Ela se sentia feliz em sua companhia mesmo quando isso acontecia, e Monk passava quatro ou cinco dias sem pronunciar uma única palavra até quebrar o jejum fônico e gritar:

— Nellie! Sorvete!

— O que estava dentro dele, fosse lá o que fosse, era muito delicado, ele tinha de manter aquilo bem quieto, reduzir bem a marcha de modo que nada afetasse aquilo. Até andar de um lado para o outro era uma forma de manter sua quietude, como um garçom num navio em alto-mar fazendo todo tipo de malabarismo com a bandeja em que leva um copo d'água para que ele continue de pé. Andava de um lado para o outro até que o que estava dentro dele ficava tão cansado de se mexer que ele podia se derrear, exausto. Tudo isso são só palpites, era impossível saber o que se passava em sua cabeça. Às vezes ele olhava pelos óculos como um animal que estivesse hibernando, conferindo se o calor era suficiente para ele sair da toca. Era circundado por sua casa, suas excentricidades, seu silêncio. Certa vez, depois de ficarmos sentados horas sem que ele dissesse uma palavra, eu lhe perguntei:

— O que é que tem nessa sua cabeça, Monk?

Ele tirou os óculos, levou-os aos olhos e os virou ao contrário, como se estivessem no rosto de um oculista que o examinasse.

— Dê uma olhada — cheguei perto dele, enfiei a cabeça nos

óculos e estudei seus olhos. Tristeza, sinais vívidos de alguma coisa.
— O que viu?
— Neca.
— Merda. Rá-rá-rá — estendeu a mão e repôs os óculos no rosto. Acendeu um cigarro.
Eu costumava fazer perguntas semelhantes a Nellie. Ela o conhecia melhor do que qualquer um, tão bem que a qualquer pergunta que eu lhe fizesse, por mais esquisito que fosse o comportamento de Monk, ela só respondia:
— Ah, Thelonious é assim mesmo.

Fosse ele o zelador de um escritório ou o almoxarife de uma fábrica, saindo de casa de manhã e voltando de noite para jantar, ela cuidaria dele da mesma maneira que fazia quando viajavam de primeira classe pelo mundo afora. Sem ela Monk não existia. Ela lhe dizia o que usar, ajudava-o a se vestir nos dias em que ele parecia atarantado demais para resolver isso sozinho, quando ele acabava fazendo do paletó uma camisa de força ou se perdia nas complexidades do laço da gravata. O orgulho e a realização de Nellie era criar as condições para que ele produzisse sua música. Era tão devotada à manutenção do bem-estar criativo de Monk que bem poderia receber crédito como parceira na maioria de suas músicas.

Fazia tudo por ele: despachava a bagagem em aeroportos, lidava com os passaportes enquanto ele se mantinha parado como uma coluna ou quando vagueava, bamboleante, pelo saguão, e as pessoas o viam, passavam por ele e se perguntavam o que estaria fazendo ali, se arrastando como um desvalido, de braços erguidos como se jogasse confete numa festa, usando um de seus chapéus malucos trazidos de alguma parte do mundo de onde acabava de voltar. E no avião, quando Nellie lhe afivelava o cinto de segurança por cima do sobretudo, as pessoas continuavam a especular quem seria aquele homem, talvez o presidente de um país africano recém-independente ou qualquer coisa assim. Às vezes, Nellie o olhava e sentia vontade de chorar, não por compaixão, mas por saber que um dia Monk morreria e que não existia no mundo alguém como ele.

Quando Nellie foi hospitalizada, ele ficava sentado, fumando, observando a luz poeirenta do crepúsculo atravessar as janelas manchadas de chuva. Olhava para o relógio que pendia da parede num ângulo surrealista. Nellie gostava que as coisas fossem simétricas e retas; Monk as queria tortas, e para acostumá-la à ideia pregara o relógio na parede daquele jeito. Toda vez que ela olhava o relógio, começava a rir.

Ele andava de um cômodo ao outro, demorava-se nos lugares aonde ela costumava ir, sentava-se na cadeira dela, olhava seu batom e sua maquiagem, seu estojo de óculos, outros objetos. Antes de ser internada, Nellie arrumara tudo. Ele tocava seus vestidos, vazios, pendurados com cuidado no armário, examinava os sapatos que, enfileirados, esperavam por ela.

Nellie fazia tantas coisas para Monk que era como se ele visse muitos objetos no apartamento pela primeira vez: a travessa de pirex, manchada por anos de uso, o ferro de passar. Sopesava as frigideiras e as panelas de Nellie, sentindo falta dos ruídos familiares de uma batendo na outra. Sentava-se ao piano, criando uma canção a partir dos sons que Nellie fazia e de que ele tinha saudade: o roçar de suas roupas quando se vestia, a água na pia, o tinido de pratos. Ela o chamava de Melodious Thunk, e ele desejava compor para ela uma música baseada nesses sons. A intervalos de cinco minutos, se levantava para olhar pela janela, verificando se, por acaso, ela não estava vindo pela rua.

Todos os dias ele a visitava, e Nellie se preocupava mais com ele que consigo mesma. Monk sentava-se na beira da cama, sem falar, sorrindo quando as enfermeiras perguntavam se tudo estava o.k. Permanecia ali todo o tempo da visita, porque não tinha vontade de fazer nada além disso.

Relutando em voltar para o apartamento, caminhava até o Hudson para ver o sol se pôr sobre a imensidão das águas. Um vento faminto roubava a fumaça de seu cigarro. Pensava em Nellie e na canção que estava compondo para ela, uma peça para piano que só ele tocaria e ninguém mais. Uma vez escrita, estaria acabada — ele a tocaria como estava, sem acompanhamento e sem improvisos. Da mesma forma que não queria que Nellie mudasse, não queria que a peça para ela também fosse mudada. No momento em que olhava para a outra margem do rio, uma mancha de luz âmbar se espalhou no horizonte como tinta saindo de um tubo. Por alguns minutos, o céu foi uma conflagração de amarelo-sujo, até que as labaredas esmaeceram e nuvens pardacentas se estenderam de novo sobre Nova Jersey. Monk pensou em voltar para o apartamento, mas ficou contemplando o tristonho pôr do sol e as embarcações escuras que singravam o rio e escutando os piados melancólicos das gaivotas acima delas.

Uma viagem de carro para uma apresentação na Comedy Store, em Baltimore. Com ele iam Nica e Charlie Rouse, amigos de toda a vida. Quase tudo que Monk fazia era para toda a vida. Pararam num motel em Delaware. Monk estava com sede, o que significava que tinha de beber um copo d'água na mesma hora. Tudo era assim com ele. Ficava acordado três ou quatro dias seguidos, por não estar a fim de dormir, e depois dormia pesadamente durante dois dias, fosse onde fosse. Se queria uma coisa, tinha de ser já. Entrou no saguão, enchendo o vão da porta, negro como uma sombra. O rapaz da recepção teve um ligeiro sobressalto ao vê-lo. Incomodava-o não só o fato de Monk ser negro e seu tamanho, como também seu caminhar, lento como o de um astronauta. Havia alguma coisa nele, e não apenas os olhos, mas toda a sua postura, que dava a impressão de que era uma estátua capaz de desabar a qualquer momento. E havia mais outra coisa. Naquela manhã, o recepcionista vasculhara o apartamento em busca de roupa de baixo limpa. Não achando nenhuma, pusera uma cueca que já vinha usando fazia três dias, manchada de amarelo e exalando certo odor. Será que as pessoas notariam? Por acaso Monk deu uma fungada ao entrar, e isso desencadeou o incidente, foi uma de suas causas. É possível que nada tivesse acontecido se o rapaz vestisse uma cueca limpa, mas o fato de o tecido estar meio grudento, somado ao leve prurido que ele sentira o dia todo, se tornaram insuportáveis assim que aquele negro imenso entrou na recepção do motel, farejando o ar como se estivesse sujo. O rapaz foi logo dizendo que não havia apartamentos vagos, antes mesmo que Monk dissesse uma só palavra. Encarando-o, usando um chapéu esquisito, como se fosse um papa ou um cardeal africano.

— Quedissocara? — perguntou Monk em sua dicção arrevesada. Qualquer coisa que dissesse ficaria mesmo incompreensível, perdida num bolo salivoso. Como se a voz viesse de Marte pelo rádio.

— Não temos vaga. Infelizmente, não temos vagas.
— Querumcodag.
— Água?
— Iss.
— O senhor quer água?

Monk assentiu com um gesto de grande sábio, em pé diante

do homem, como se ele estivesse atrapalhando sua passagem, obstruindo seu caminho. Alguma coisa nele estava fazendo o recepcionista tremer de fúria. A maneira como estava de pé ali, como um grevista numa linha de piquete, resolvido a não se mexer. Não conseguia achar uma definição para ele, não era um vagabundo, vestido... — merda, não saberia dizer com segurança como estava vestido: terno, gravata, casaco — as roupas eram boas, mas ele parecia desmazelado, como se a camisa estivesse para fora ou ele não usasse meias.

— Não temos água — disse por fim o recepcionista, com as palavras gorgolejando como o jorro enferrujado da água que sai de uma torneira há muito fechada.

— Não temos água — repetiu, pigarreando. Estava mais assustado agora, pois os olhos amarelos do negro que o fitavam eram como dois planetas no espaço. Ainda mais alarmante era o modo como Monk o encarava, não nos olhos, mas num ponto a meio palmo sobre eles.

— Não temos água. Ouviu o que eu disse?

O negro continuou imóvel, como que petrificado, como se estivesse num transe tribal. O rapaz nunca vira alguém tão preto. Agora passava por sua cabeça que o negro talvez tivesse algum tipo de debilidade mental, que fosse perigoso, um maníaco.

— Você me ouviu, rapaz — sentiu-se mais confiante agora. Assim que o chamou de rapaz, achou que a situação agora era menos um confronto específico entre duas pessoas, mas algo mais genérico, como se ele tivesse gente a seu lado, apoiando-o, era um homem com uma multidão atrás de si.

— Isto aqui é um hotel e vocês não têm um copdag? Esses putos que ocuparam seus apartamentos devem estar mortos de sede.

— Não se meta a engraçadinho, nem pense nisso...

Foi aí que Monk deu um passo à frente, bloqueando completamente a luz, tornando-se uma silhueta. Olhar para seu rosto era como entrar numa caverna num dia radioso.

— Não queremos nenhuma confusão aqui — disse o recepcionista. A palavra "confusão" estrondou como uma garrafa. A cadeira dele guinchou para trás dois dedos, involuntariamente, num impulso de manter a mesma distância daquele homem que se agigantava sobre ele como um penhasco. Olhou para as mãos do negro que o segurava, tendo num dedo um anelão capaz de rasgar rostos. Foi então que ocorreu ao rapaz que se o negro tivesse uma arma a teria sacado para usar contra ele. Recordando o caso mais tarde, ele entendeu que foi essa ideia por parte dele, e não algum ato do negro, que agravou a situação. Cada palavra provocou a seguinte. A palavra "confusão" tirou a palavra "arma" de seu coldre, e a palavra "arma" fez com que a palavra "polícia" corresse em seu encalço.

— Como eu já disse, não queremos nenhuma confusão aqui, e assim ou você se manda depressa ou vou chamar a polícia.

Monk de pé ali, mudo como pedra, mudo como se as únicas palavras que soubesse fossem "copo" e "água". Agora a expressão em seu rosto havia mudado, como se ele não estivesse vendo absolutamente nada, como se não soubesse onde estava, nem sequer fizesse ideia. Inchando como se pudesse explodir a qualquer momento. O recepcionista estava quase amedrontado demais para discar o telefone da polícia, temendo que um gesto qualquer pudesse fazer o negro sair do estado em que estava, qualquer que fosse. Mas não fazer nada era ainda mais assustador. Decidiu que a forma mais eficaz de fazer isso seria com o maior espalhafato possível, puxando o aparelho para perto de si, levantando o fone devagar e discando como se mergulhasse o dedo numa tigela de xarope de bordo.

— Polícia? — durante todo o telefonema, ele manteve um

olho, os dois olhos, pregados no negro, cujo único movimento era o sobe e desce do peito. Respiração.

— Bem, ele se recusa a ir embora. De pé aqui como... nem sei... como se quisesse causar confusão... Eu já disse a ele que... Sim, eu acho que ele pode ser perigoso.

O rapaz tinha acabado de desligar o telefone — devagar, como tudo o que estava fazendo agora — quando outro negro e uma mulher com jeito de rica entraram com estardalhaço no saguão.

— Thelonious? O que aconteceu?

Antes que ele pudesse responder, o recepcionista interveio.

— Esse maluco está com vocês? — seu medo estava diminuindo, e ele já se sentia capaz de conduzir a situação para o caminho que escolhesse. A mulher olhou para ele como se examinasse um inseto que rastejasse na parede. O tipo de mulher que, aonde quer que fosse, punha sempre os pés num tapete de privilégios. Até sua polidez era uma forma de desprezo: a cordialidade que ela prodigalizava a algumas pessoas servia para lembrar a outros a opulência de que estavam excluídos.

— O que está havendo, Thelonious?

Ainda sem falar, apenas aquele olhar penetrante cravado no rapaz.

— Seria melhor a senhora não se afastar, dona. A polícia está vindo para cá e vai querer fazer algumas perguntas.

— O quê?

— Vai chegar a qualquer minuto.

Mediante algum acordo tácito, a mulher — que se portava como a rainha da Inglaterra — e o outro negro levaram Monk para fora do saguão, de volta ao carro. Monk tinha acabado de sentar no assento do motorista e ligado o motor quando a polícia chegou, com três deles saindo correndo do carro. O recepcionista os levou até ele, ficando atrás do veículo, fora da vista. Houve uma porção de perguntas, com os policiais mostrando pouca cortesia, sem saber bem como proceder, mas conscientes de que certa demonstração de força poderia ser útil. Disseram a ele que desligasse a chave, o motor. Monk os ignorou, olhando para a frente como que concentrado na estrada numa noite de nevoeiro, sem conhecer bem o caminho. Um dos policiais meteu a mão no painel e desligou a ignição. A mulher inglesa disse alguma coisa.

— Dona, por favor, não diga nada. Quero que todos saiam do carro. Ele primeiro... Ei, você, saia do carro.

O negro curvou-se sobre o volante, com as mãos posicionadas bem firmes, como se fosse o capitão no passadiço de um navio em meio a uma tempestade.

— Escute, você é surdo ou o quê? Saia do carro, saia da porra desse carro.

— Me deixe resolver isso, Steve.

Quase colando a cabeça no rosto de Monk, o segundo policial falou em voz baixa, praticamente silvando.

— Seu negro idiota, você tem uns dez segundos para sair desse carro de merda, antes que eu te tire daí. Escutou?

O negro continuou imóvel, grandalhão, ainda com o chapéu maluco de papa na cabeça.

— Bem, eu avisei — sem uma palavra, o policial o agarrou pelos ombros e começou a puxá-lo do carro, mas suas mãos estavam presas ao volante, como que algemadas a ele.

— Que merda — o policial começou a puxar os pulsos do homem, grossos e musculosos, inamovíveis. A inglesa dava gritos, como também os policiais.

— Me deixem acabar com esse cretino... — atrapalhando-se uns aos outros, um deles puxa o cassetete e bate com ele nas mãos de Monk, o mais forte e depressa que conseguia nos limites do carro, mas forte o suficiente para tirar sangue, fazendo os nós dos dedos incharem, e a inglesa gritando parem, ele é pianista, as mãos dele, as mãos dele...

* * *

O Vanguard estava lotado, com Monk tocando sozinho. Um grupo de universitários negociava com o porteiro. Queriam porque queriam uma mesa junto do piano.

— Vocês estão brincando? Chegam aqui no meio do show e querem uma mesa de pista. Cara, as pessoas querem ver as mãos dele...

Num hotel em Boston, ele vagueou pelo saguão durante uma hora e meia, examinando as paredes, fitando-as como se fossem quadros, correndo as mãos por elas, rodeando o salão, alarmando os hóspedes. Pediu um quarto e disseram-lhe que se mandasse dali antes que houvesse encrenca. Ao sair do hotel, pôs-se a rodar nas portas giratórias por dez minutos, empurrando pacientemente a placa de vidro, como um cavalo de mina. Na apresentação da noite, tocou dois números e deixou o tablado. Uma hora depois, retornou, tocou as mesmas músicas e ficou sentado meia hora diante do piano, até a orquestra deixar o tablado, e o gerente tocar "Who Knows" pelo sistema de som. As pessoas se levantaram para ir embora, imaginando se não teriam visto Monk sofrer um colapso mental diante de seus olhos. Ninguém vaiou ou reclamou, algumas pessoas falaram com ele, bateram em seu ombro, mas ele não teve nenhuma reação. Foi como se todos tivessem dado um salto de trinta anos no futuro, para uma instalação intitulada *Thelonious Monk ao piano*, uma mostra de museu que simula a atmosfera dos antigos clubes de jazz.

Mais tarde, tomado de pânico e correndo para achar Nellie e seguir para o aeroporto, foi detido por um guarda rodoviário. Esgotado de cansaço, recusou-se a dizer uma só palavra, nem sequer seu nome. Dormiu por muito tempo, sonhou que estava hospitalizado, e ao acordar viu-se numa cama, onde lhe davam sopa, olhando para as enfermeiras como um homem preso aos destroços de um edifício desmoronado. Examinavam-lhe os olhos com luzes intensas, como se ele fosse um animal. Fechou-se em copas, na posse de um segredo tão precioso que ele esquecera qual era. Fazia tantos anos que as pessoas vinham dizendo que ele era amalucado que perambulava pelo Hospital Lowell de pijama como se estivesse internado ali havia um tempão. Tocava meia dúzia de acordes no piano e os médicos consideravam que suas mãos revelavam um instinto musical bruto, fazendo soar notas com um tipo de feia beleza. *Tinkly, thunking things.** Outros pacientes gostavam de ouvi-lo, um deles gritando, outro se juntando à música com uma canção sobre um homem e um cavalo fiel que morreu, alguns só rindo ou chorando.

O silêncio depositou-se nele como pó. Ele mergulhou fundo dentro de si mesmo e nunca mais emergiu.
— Em sua opinião, qual é a finalidade da vida?
— Morrer.

Monk passou os últimos dez anos de vida na casa de Nica, do outro lado do rio, em Nova Jersey, com a vista de Manhattan enchendo as janelas francesas. Morava ali com Nellie e os filhos. Não punha as mãos no piano porque não tinha vontade. Não via ninguém, falava pouquíssimo e não saía da cama, apreciava sensações simples como o cheiro de um vaso de flores, vendo as folhas cobertas de poeira.

---

* "Ugly Beauty" [Feia beleza] (1967) e "Trinkle, Tinkly" (1952) são músicas de Monk. (N. T.)

— Não sei dizer ao certo o que aconteceu com ele. Era como se ele estivesse tomado por um estado de choque prolongado... Como se alguma coisa tivesse roçado nele, como se ele houvesse entrado numa rua movimentada e um carro quase o tivesse atropelado. Ele se perdeu no interior do labirinto de si mesmo e ficou a vagar por ali, sem nunca encontrar uma saída.

Talvez nada tenha acontecido a ele externamente. Só a meteorologia de sua cabeça tinha importância, e de repente tudo ficou nublado, como já ocorrera muitas vezes antes — mas dessa vez por dez anos. Não era desespero, mas quase o oposto: uma forma de contentamento, tão extremado que era quase um torpor, como o que a pessoa sente quando fica na cama o dia inteiro, não por ser incapaz de enfrentar o horror do dia, mas porque não tem vontade de se levantar, porque é bom ficar ali. Todo mundo tem esse impulso de não fazer nada, mas raramente enraíza. Monk se habituara a sempre satisfazer suas vontades, e, se o que queria era ficar deitado dez anos, tinha de fazer isso, sem nada lamentar, sem sentir falta de nada. Ele estava à mercê de si mesmo. Não tinha nenhuma autodisciplina, pois nunca precisara disso. Havia trabalhado quando estava a fim, e agora não estava mais a fim, não estava a fim de coisa alguma.

— Sim, eu diria que havia nele um bocado de tristeza. A maior parte das coisas que lhe aconteciam ficava dentro dele. Um pouco dessas coisas saía na música, não como raiva, só como um pouco de tristeza aqui e ali. "Round Midnight" é uma música triste.

Outono em Nova York. Uma borra marrom de folhas no chão, uma leve garoa. Auréolas de névoa em torno das árvores, um relógio à espera de bater doze vezes. Quase seu aniversário, Monk.

A cidade sossegada como uma praia, o ruído do tráfego fazendo o papel das ondas. As luzes de neon dormem em poças d'água. Lugares que fecham, lugares que abrem. Pessoas que se despedem diante de bares, voltando para casa sozinhas. Algumas ainda trabalham, a cidade se restaura.

Em algum momento, todas as cidades grandes têm esse aspecto. Em Londres, ele acontece às cinco ou seis horas de um entardecer no inverno. Em Paris, sobrevém mais tarde, quando os cafés estão fechando. Em Nova York, pode ocorrer a qualquer hora: de manhã cedo, quando a luz começa a subir sobre os cânions das ruas, e as avenidas se estendem tão longas na distância que parece até que o mundo inteiro é uma cidade; ou pode ocorrer agora, quando os carrilhões da meia-noite flutuam na chuva e os anseios de toda a cidade ganham a clareza e a segurança da súbita compreensão. O dia chegando ao fim e as pessoas incapazes de continuar a fugir da perturbadora sensação de inutilidade que foi crescendo aos poucos durante o dia, sabendo que hão de se sentir melhor quando acordarem e for dia de novo, mas sabendo também que cada dia conduz a essa sensação de tranquilo isolamento. Não faz diferença alguma se os pratos foram lavados e empilhados no armário ou se a pia está cheia de pratos sujos, porque todos esses detalhes — as roupas penduradas no armário, os lençóis esticados na cama — contam a mesma história: uma história na qual elas vão até a janela e olham as ruas molhadas de chuva, imaginando quantas outras pessoas estarão olhando a rua assim, pessoas que desejam a chegada da segunda-feira, porque os dias da semana têm um propósito que se esvai no fim de semana, quando só existem a lavanderia e os jornais. E sabendo ainda que esses pensamentos não representam nenhuma espécie de revelação, pois eles próprios são agora parte da mesma rotina de desespero suportável, um sumário final que se dissolve, o tempo todo, no dia a dia. Uma hora do dia em que se pode lamentar tudo e nada na mesma respiração, em que o único desejo de todo solteiro é que houvesse alguém que o amasse, que pensasse nele, ainda que estivesse do outro lado do mundo. Em que uma mulher, sentindo a cidade desabar, úmida, a seu redor, ouvindo a música que vem de um rádio alheio, levanta o olhar e imagina as vidas que estão sendo vividas por trás das janelas de luzes amarelas: um homem diante de sua pia, uma família reunida em torno de um televisor, amantes cerrando cortinas, alguém sentado à sua mesa, ouvindo a mesma música no rádio, escrevendo estas palavras.

Um trovão ribombou na escuridão. Gotas de chuva respingaram no para-brisa e logo um temporal os envolveu. O vento silvava pelos campos, golpeando o carro de lado. A chuva tamborilava na capota. Harry olhou para Duke, vergado no assento e de olhos postos na estrada. Os faróis dos carros que vinham em sentido contrário estouravam como fogos de artifício na água que escorria do para-brisa. Eram precisamente episódios desse tipo que acabavam, de uma forma ou de outra, em sua música. Quase nada do que ele compunha lhe ocorria como música. Tudo começava com um clima, uma impressão, alguma coisa que ele tivesse visto ou escutado e que então traduzia em música. Saindo da Flórida, tinham ouvido o chilreio de uma ave invisível, tão belo e perfeito que alguém poderia jurar tê-la visto contra o sol que pintava de vermelho o horizonte. Como sempre, não tinham tempo para parar, e Duke anotou o som, usando-o mais tarde como a base de "Sunset and the Mocking Bird". "Lightning Bugs and Frogs" nasceu numa noite em que estavam saindo de Cincinnati e chegaram a um renque de árvores altas iluminadas à contraluz por uma lua que jogava pingue-pongue atrás dos ramos. Vaga-lumes tremeluziam no ar e por toda parte se ouviam coaxos abaritonados de sapos... Em Damasco, Duke um dia acordou com uma barulheira de carros que lembrava um terremoto, como se todo o trânsito do mundo houvesse engarrafado na cidade; ainda sonolento, deu consigo tentando orquestrar a balbúrdia. A luz em Bombaim, o céu se movendo sobre o mar da Arábia, uma feia tormenta no Ceilão — onde quer que estivesse, e por maior que fosse o seu cansaço, anotava o que via sem uma pausa para avaliar sua importância, confiante em que mais tarde haveria de achar uma utilidade musical para aquilo. Montes, lagos, ruas, mulheres, meninas, mulheres bonitas, mulheres lindas, vistas de ruas, ocasos, oceanos, vistas de hotéis, integrantes de sua orquestra, velhos amigos... Ele chegara a um ponto em que praticamente tudo o que via acabava em sua música — uma geografia pessoal da terra, uma biografia musical das cores, sons, cheiros, comidas e pessoas — tudo o que havia sentido, tocado e visto... Era como se escrevesse com sons — e o que estava produzindo era uma imensa ficção musical que recebia acréscimos constantes e que, em última análise, falava de si mesma, dos músicos da orquestra que a tocavam...

 A chuva abrandou por um momento, mas logo começou a cair mais forte do que antes. Olhar pelo para-brisa era o mesmo que tentar enxergar através de uma cachoeira. O vento esganiçava-se como um demente. Harry apertou o volante com força e lançou um olhar a Duke, pensando em quanto tempo passaria antes que aquela tempestade fosse musicada.

Isto aqui parece uma sessão espírita, Bud. As luzes foram reduzidas e há velas acesas. Minha mesa está cheia de fotos suas, a vitrola toca baixinho "The Glass Enclosure". Estou neste apartamento na rua Três, Bud, tentando chegar a você por meio de sua música. Para todos os outros — para Pres, Mingus e Monk — a música é uma trilha; se a sigo, ela sempre acaba me levando a eles, tão próximo que chego a escutar suas vozes. No seu caso, é diferente. A sua música o encerra, o isola de mim. Fotografias suas têm o mesmo efeito, seus olhos agem como óculos de sol, escondendo o que está atrás deles. Não é que você pareça ter sido removido do mundo, é mais como se o mundo não pudesse chegar perto de você. Mesmo quando relaxado, você tem o jeito de um homem que vigia alguma coisa, como um fazendeiro fotografado junto à cerca de sua propriedade. Ou como essa foto em que aparecem você, Buttercup e Johnny diante do sanatório de tuberculosos onde você esteve internado. Como todas essas fotos suas, ela foi feita no fim, no limite, de uma estação. Cai um chuvisco através de árvores que não se veem. Sua capa está abotoada até o pescoço, seu gorro, puxado para baixo na testa, quase cobrindo os olhos. Buttercup segura uma bolsa e usa um lenço de cabeça. Vocês três parecem uma família pobre apanhada pelo mau tempo, de surpresa, numa viagem de férias muito cara e cheia de imprevistos. Você é uma dessas pessoas que não posam para foto — você se detém para ser fotografado, como se o congelamento da imagem dependesse de sua própria imobilidade, como se, quanto mais tempo ficar parado, melhor sairá a fotografia.

As fotos em que você aparece ao piano são bem diferentes — como esta aqui, tirada no Birdland numa daquelas noites em que você superava todos os músicos no tablado, Bird, Dizzy, qualquer um. Improvisando sobre um tema após o outro, os ombros se movimentando junto com o ritmo, os olhos fechados, uma veia latejando na têmpora, o suor caindo no teclado, os lábios repuxados sobre os dentes, a mão direita tagarelando e dançando como água sobre pedras, um pé marcando um ritmo que se tornava cada vez mais forte à medida que os movimentos da mão direita se complicavam, as melodias nascendo e fenecendo como flores, o pique jamais esmorecendo e se transformando sem esforço numa balada, as teclas se entregando a você, competindo entre si por seu toque como se o piano houvesse esperado cem anos por essa oportunidade de saber qual era a sensação de ser um saxofone ou um trompete nas mãos de um negro. Entre um tema e outro, você resmungava para a plateia. E ouvia seu nome sussurrado aonde quer que você fosse: Bud Powell, Bud Powell.

A música não tirou nada de você. Foi a vida que lhe roubou tudo. A música foi o que ela lhe deu em troca, mas não foi suficiente, nem de longe.

Aqui está outra foto, esta de 1965. A essa altura você mal conseguia tocar uma música, o piano se tornara um instrumento impossível, delirante. Você está escarranchado numa cadeira, sorrindo para a câmera debaixo de seu bigode de Tatum, e também gorducho como Tatum. Você passava dias a fio sentado desse jeito em seu quarto, não era? As pessoas iam visitá-lo, e você ficava assim, sem responder a pergunta alguma, apenas sorrindo afavelmente para o mundo, sem dizer palavra.

Uma fotografia é uma imagem mantida no transe do tempo. Esperar que essa imagem degele, que ganhe vida, é como ficar naquele quarto com você, esperando que saia de seu transe, esperando que se mexa e fale; é como se eu o visitasse em casa, como se eu estivesse com você lá.

Bud? Bud?... Vou falar por nós dois, se é isso que você quer. Talvez eu aprenda alguma coisa vendo você escutar. Talvez eu aprenda a conciliar toda a dor de sua vida com o otimismo vigoroso de sua música, de músicas como "Oblivion", "Wail", "Hallucination" e "Un Poco Loco". Quero que tudo o que você toca seja uma página arrancada do romance atormentado de sua vida — gostaria que "The Glass Enclosure" fosse a sua "Waking in the Blue",* mas em vez disso ela lembra uma sinfonia congelada sob a forma de uma pecinha para piano. Mesmo quando se trata de standards, seu modo de tocar tem aquele jeito, a dignidade e a imponência de um concertista. Você pega uma música como "Polka Dots and Moonbeams" e a faz parecer obra de um compositor da corte...

Você fica sentado tão quieto, Bud, que nem sei ao certo se escuta o que digo. Sei que devo parecer um bêbado, enchendo seu saco entre um número e outro e bombardeando você com perguntas e histórias que você não quer ouvir, tentando lhe dizer o que você está pensando — o que eu acho que você está pensando.

---

* "Despertar em azul", poema de 1959 em que Robert Lowell fala de sua experiência pessoal num hospital psiquiátrico. (N. T.)

Há tantas coisas que quero saber, mas você fica sentado aí em sua quietude, e não sei o que mais posso fazer além de continuar a falar com você, respondendo às minhas próprias perguntas, na esperança de dizer alguma coisa que chegue até você, alguma coisa verdadeira o bastante para tirá-lo de seu marasmo. Quero saber como foi o tempo que você passou trancafiado, distante dos perigos: dez semanas em 1945, a maior parte de 1948, e logo estava de volta, poucos meses depois de receber alta. Em abril de 1949 você teve alta de novo, em setembro de 1951 foi internado no Pilgrim State Hospital e transferido para Creedmoor até 1953. Eletroconvulsoterapia e sedação... Verificar as datas foi fácil... mas como foi que isso aconteceu, Bud? Ao que parece, ninguém sabe — a não ser que você tinha 25 anos — só 25 anos — quando eles o despedaçaram, e depois disso você passou o resto da vida tentando juntar seus cacos de novo. Você estava entrando no Savoy Ballroom, no Harlem, quando o leão de chácara rachou sua cabeça como um melão? Ou você estava bêbado, cercado de policiais que só esperavam uma desculpa para rebentar sua doce cabeça? Gritava e ao mesmo tempo suplicava, com lágrimas no fundo dos olhos, sentindo que a situação fugia ao controle de todos. Saindo dali, afastando-se depressa, até que uma mão se estendeu, agarrou seu braço e arremessou você de novo para o meio do que sempre estava para acontecer. Certos incidentes na vida são assim, ficam de tocaia à espera da vítima, pacientes como a chuva.

Você vestia um terno preto, calçava sapatos também pretos e levava um guarda-chuva, caminhando para o infortúnio como um empresário para seu escritório. O anúncio luminoso de um bar garatujava a brutal palavra FRENESI numa parede próxima. A sarjeta já rebrilhava com vidros quebrados. Uma voz de pura ameaça disse:

— Estou lhe avisando.

Você olhou para a voz com terror nos olhos, enquanto lhe fechavam todos os caminhos de evasão. Arremeteu contra o rosto mais próximo, louco para transpor a massa de homens fardados que avançavam. Braços o agarram, um punho paralisa um lado de sua cabeça, você tropeça, recupera o equilíbrio e vislumbra um braço que se ergue acima de você, elevado como um laço corrediço passado sobre o galho alto de uma árvore, pendendo ali, e segue-se um grito longo quando o cassetete desce, havendo ainda tempo de pensar ser inacreditável que alguém fizesse aquilo, um golpe daquele na cabeça fraturaria seu crânio, esmagaria seus miolos, o mataria. Você viu a boca escancarada de um dos policiais gritar:

— Não, não.

Sua mão não se ergueu mais que meio palmo no tempo que o cassetete levou para cair, abrindo sua cabeça como um fulgor de relâmpago que dura para sempre, como uma arma encostada na cabeça e disparada, um martelo que golpeia uma janela de vidro. O impacto fez com que você caísse de joelhos. Uma de suas mãos se levantou, segurando no cinturão do policial mais próximo, tentando erguer-se, com a pancada inicial do impacto só agora se espalhando por sua cabeça como a onda de choque de uma machadada num tronco nodoso. Não, não, não.

— Ah, meu Deus.

Talvez os fatos não tenham sido bem esses, mas deve ter sido assim. Vinte anos depois, você despertava no meio da noite e sentia a lesão em sua cabeça ainda tentando se rejuntar. Você tinha 25 anos quando isso ocorreu, jovem e arrogante como uma faca, exigindo tudo o que queria, andando em cima das toalhas brancas do Minton's com as botas enlameadas. Os garçons prestes a investir contra você, mas detidos por Monk:

— Que nenhum puto se mexa!

Por isso todo mundo ficou parado, vendo você andar sobre

as mesas como um menino pisando nas pedras de uma lagoa. Talvez você sempre tivesse sido potencialmente descontrolado, mas agora o potencial se desencadeara. Heroína e álcool. Duas doses o deixavam louco, mas você bebia como um homem que, rastejando num deserto, dá com uma miragem. Você não se embebedava, você enlouquecia. Como naquela noite no Birdland, em que tocava com Mingus, Art Blakey, Kenny Dorham e Bird. Seis meses antes, Bird tentara se matar, tinha convalescido em Bellevue, e aquela apresentação era uma volta, uma tentativa de reconquistar credibilidade, mas ele nem sequer chegou na hora certa para a primeira série e você subiu ao palco sem ele. Você estava sem pernas e o teclado jogava sob suas mãos como um navio no mar. Melodias se desintegravam no meio da execução, a cada quinta nota surgia um erro e você tocava fragmentos de qualquer música que lhe vinha à cabeça até que deixou isso de lado e começou a tocar outra coisa, terminando em labirintos e emaranhados de notas erradas.

A segunda série: você veio sozinho, riu, fez uma mesura, dançou um pouco e quase desabou sobre a plateia. Sabe Deus como, chegou à banqueta do piano, os dedos babando sobre o teclado, escorrendo dele como bebida de um copo quebrado, a música despencando em poças no chão. Mingus e Dorham subiram ao tablado, mas agora a única função do piano era impedir que você caísse no chão.

Bird apareceu, bêbado de novo. Na noite anterior, você o procurara, sorridente, e dissera:

— Sabe de uma coisa, Bird, você não é mais merda nenhuma. A mim você não engana. Cara, pare de tocar merda.

E Bird só sorrira. Agora pediu o primeiro tema, "Hallucination", mas você continuou a levar o que estava tocando antes que ele se juntasse ao grupo. A orquestra parou aos poucos. Bird anunciou o número de novo, mas você continuou a tocar como se fosse surdo.

— Vamos, Bud.
— Que tom, seu puto?
— O tom é mé, de merda, seu escroto sem vergonha.
— Música de merda, filho de uma...

Em seguida você meteu o cotovelo com força no teclado, gritou uma coisa qualquer que ninguém entendeu e saiu do palquinho cambaleando, arrastando os pés. Bird estava ao microfone, repetindo as palavras em voz baixa, como se falasse a uma pessoa perdida numa floresta:

— Bud Powell.
— Bud Powell.
— Bud Powell.

Em Creedmoor, você desenhou um teclado na parede, martelando novos acordes, machucando os dedos, deixando uma partitura de impressões digitais na parede branca. Quando Buttercup foi visitá-lo, você agarrou as mãos dela, reviu o amor em seus olhos — o amor e a pergunta que não saía dali: quanto tempo? Desejando que você estivesse bem de novo e, a seguir, se perguntando quanto tempo passaria antes que você adoecesse outra vez. Sempre à espera de que alguma coisa acabasse e outra coisa começasse, à espera dos sinais reveladores do colapso nervoso, dos pequenos fatos que perturbavam sua mente...

No fim de uma tarde, ele levantou o olhar e viu a sombra de uma bandeira projetada nos andares superiores de um edifício. Olhou em torno, esperando ver uma bandeira americana tremulando no alto de um edifício próximo, mas nada viu, além da ondulação negra de uma sombra dançando na parede. No dia seguinte, notou um murmúrio na tessitura das coisas, um tremor nas paredes de edifícios. Subitamente atento a bordas, ele punha uma xícara de café no meio de uma mesa só para vê-la cair em pedaços no chão. Via um martelete pneumático quebrando uma rua, uma perfuratriz furando outra rua, uma bola de demolição destruindo o esqueleto de um edifício. Teve um sobressalto ao ver o fantasma de uma passarada que patinava na calçada. Alguns quarteirões adiante, viu operários de construção que consertavam a escada de incêndio de um velho edifício. Ficou observando o fulgor branco-azulado da solda elétrica, sabendo que era brilhante demais, mas continuando a olhar. Quando desviou os olhos, sua visão se limitava a fulgurantes discos luminosos. Esperou que essas pós-imagens desaparecessem, mas o brilho do magnésio lhe lesionara a retina, gravando-se como uma força azul, um raio de prata em sua cabeça.

Ventanias uivavam na cidade, vendavais laceravam as ruas. Na zona da indústria de carne, pairava no ar o fedor geral de restos não utilizados das reses. Carcaças pela metade penduradas em ganchos, esculturas amarelas e rosadas de carne congelada.

Ele percebia que pessoas o chamavam, palavras fragmentadas em sílabas quebradas. Pressentia que pessoas o encaravam, notando que havia algo errado nele, seguindo-o. Relâmpagos fulgiam no céu em pleno dia. Nas multidões que faziam compras de Natal, ele começou a captar o rosto dos mortos.

Um Papai Noel hercúleo sorria e chacoalhava uma lata junto ao rosto. As vitrines rebrilhavam com presentes para os mortos. Alguém tocou em seu braço, ele se virou e era Art Tatum dando risada, dizendo palavras que ele não entendia. Tatum o guiava pelo braço como a um cego, saindo da avenida e dobrando numa rua onde havia tão pouco trânsito que a neve estava intacta na pista de rolamento.

— Você está morto, cara, morto — disse ele de repente a Tatum, que riu.

— Claro.

Desceram os degraus cobertos de gelo que iam dar num bar de subsolo, cujas luzes amarelavam a neve da calçada. Lanternas ambarinas iluminavam o interior do bar. Serpentinas coloridas e decorações pendiam do teto, papéis dourados revestiam as colunas. Ele seguiu Tatum pelo ambiente fumacento e lotado. Todos ali o reconheciam, chamando-o, perguntavam quando tinha chegado à cidade e se iria tocar. Gritos e exclamações da plateia marcavam o ritmo de um trompete num tablado que ele não via. Quando seus olhos se habituaram à bruma amarela, ele reconheceu Buddy Bolden, King Oliver, Fats Waller, Jelly Roll Morton. As pessoas que se achavam junto ao balcão abriram espaço para Tatum e lhe passaram as bebidas que ele pediu. A todos que lhe perguntavam se iria tocar, Tatum respondia "mais tarde, mais tarde", aceitando cerveja de todos que a ofereciam.

— Art, eu estou morto? — perguntou Bud no ouvido de Tatum.

— Sabe, é mais como se você tivesse chegado ao ponto em que não precisa mais se preocupar com morrer, porque isso já aconteceu.

— Como é que eu não me sinto morto?

— Ninguém se sente morto aqui.

Viu que Bolden vinha em sua direção, abraçando Tatum e, depois, se virando para ele, sorrindo e dizendo:

— Bud Powell, certo? — Bolden apertou sua mão com força e lhe bateu no ombro. Nunca vira uma foto de Bolden, mas sabia que era ele. Por todo lado as pessoas olhavam para ele e o cumprimentavam com um gesto de cabeça, como se ele tivesse frequentado aquele bar durante vinte anos. Bolden o apresentou a King Oliver, e daí a pouco ele tinha esquecido que todos no bar estavam mortos, pondo de lado a surpresa como se fosse um preconceito. Era como estar num lugar onde todo mundo fosse branco mas ninguém desse atenção à cor. Em pouco tempo você perdia a consciência disso, parava até de notar que estava num bar onde não havia gente viva.

De volta à rua, edifícios queimados se empinavam como um tsunami de alvenaria. Sombras espiralavam em torno dele. Ele captou um reflexo de si mesmo nas luzes vermelhas e prateadas de uma loja. Estranhando aquilo e achando que talvez fosse feito de vidro, deu um chute na vitrine, viu seu reflexo estremecer e congelar, até irromper um lento chuvisco de vidro, e seu rosto jazia em pedaços no chão. Começou uma chuvinha que logo virou um aguaceiro furioso que caía sem ruído à sua volta. O granizo furava as ruas silentes. Ele viu as luzes bem-vindas de uma loja de bebidas, a chuva amarela de táxis deslizando pela rua, mais silenciosa do que um filme mudo em que cada fotograma carrega o escarcéu de correrias e perseguições. Nova York era, provavelmente, o lugar mais barulhento da Terra, mas ele nada escutava. Viu um carro bater sem nenhum som na traseira de outro, viu os dois motoristas descerem e dançarem em silêncio, um diante do outro, parodiando os gestos da cólera. Um espasmo de relâmpago ensopou a rua. Ele desceu da calçada e pisou num lago de chuva-gasolina. Ao redor de seus tornozelos se enroscava o arame farpado do granizo, explodindo silenciosamente como a imagem de uma noite estrelada no gelo fino de um lago. Ele sentia o vento e a chuva lhe picando o rosto, porém não havia som algum — como se vento e chuva não fossem fenômenos externos, mas sim uma reação estranha de sua pele a algo que ocorria dentro dele. Um táxi passou como um fantasma pelo vapor que esguichava das fissuras da rua. Passou uma vagarosa radiopatrulha, cujas luzes giratórias, vermelha e azul, ceifavam a chuva.

No Central Park, a chuva ora caía, ora cessava. Nuvens roçavam a lua, sombras de prata rastejavam na grama escura. Um raio e, a seguir, a demorada espera de um trovão que não veio. Uma lua brilhante ardia entre galhos tentaculares. O único som que ele ouvia era o dos batimentos de seu coração: um contrabaixo firme que apressava o andamento à medida que ele se movia cada vez mais depressa, até estar correndo. Ao ver um cachorro que tiritava de frio, tirou a camisa e enfiou as mangas em suas patas dianteiras, prendendo os botões ao redor da barriga do animal; depois enrolou a calça em torno do pescoço do cachorro como um cachecol de universitário. Meteu as meias em suas patas, prendendo-as com os cadarços dos sapatos, e ficou vendo o bicho sumir na noite. Como o lago se interpunha em seu caminho, lançou-se nele, mantendo a cabeça abaixo da superfície até o som de seu coração tornar-se sonoro como um bombo, saindo do outro lado como um monstro emergindo do mar. Um raio rachou de alto a baixo uma árvore. Ele se deitou na massa algácea da grama, olhando para as luzes dos edifícios, para os aviões que deslizavam no céu, mais silenciosos até que no primeiro dia da criação, antes que houvesse cidade, antes que existisse vento, quando a única música era a pulsação do coração de Deus. Ele passaria a viver ali, comeria cães ou gatos, árvores se necessário. No outono comeria folhas caídas, moraria numa lata de lixo ou no oco de uma árvore.

    Encolhido num portal, ele vê o facho da lanterna avançar em sua direção, as botas se aproximando. Pistola, cassetete, botas pesadas, algemas. Ratos em fuga. A luz brilhante chegou a seus pés, logo lhe apunhalou os olhos e ele recuou ainda mais para a fedentina de lixo velho de um exército em retirada, protegendo os olhos. Estaria inteiramente nu se não fossem a cueca e as páginas do jornal velho com a breve menção de seu desaparecimento. Tinha no rosto cortes de cuja origem não se lembrava, e ele se preparou para outro espancamento no momento em que a luz voltou a bater em sua cabeça.

— Calma, calma — instintivamente, o policial adotou a linguagem que talvez usasse para falar com um animal perdido. A lanterna mostrou um negro ainda jovem, cujos olhos pareciam ter visto horrores dos quais ele nunca poderia se recuperar.

— Calma, calma — repetiu, tomando cuidado de manter o facho da lanterna longe dos olhos do homem. Afastou parte do lixo com a bota e chegou um pouco mais perto do vulto encolhido.

— Ninguém vai machucar você. Está bem? Você se feriu?

Inspecionou seu corpo com a lanterna, sem ver sinais discerníveis de contusões, além de alguns cortes.

— Ouça, eu não vou machucar você, não vou acusar você de nada, viu? Você compreende. Tem nome?... Você não tem nome? — o homem fazia que não com a cabeça, mas já parecia menos amedrontado. Mesmo sem entender o que o policial dizia, o tom de sua voz o acalmava.

O patrulheiro agachou-se ao lado dele, tocando-lhe o ombro, e a luz de um poste iluminou seu rosto. Desligou a lanterna, olhou de novo para os olhos de pálpebras pesadas, o bigode, o cabelo que parecia desgrenhado até quando cortado rente. Sem nenhum raciocínio articulado, de repente teve certeza de que a pessoa diante dele era Bud Powell. Jesus, não era possível. Quatro horas antes de entrar em serviço, ouvia "Dance of the Infidels" e disse à mulher que Bud só podia ser o maior pianista do mundo. Que estranho... Mas sabia que Bud era esquizofrênico e que sumira dias antes. Analisou de novo o rosto do negro, cujos olhos nada revelavam, a não ser a diminuição gradual do medo. Merda, era ele mesmo.

— Você é Bud Powell, não é? — perguntou por fim, com o tom da voz passando da brandura para a reverência.

Bud olhou para ele, sem nada dizer, mas havia alívio em seus olhos, como acontece quando se bate à porta de alguém à noite e uma luz se acende num quarto distante, algo que se sente tanto quanto se vê. Ao buscar a mão de Bud, em parte para ajudá-lo a se levantar, em parte só para apertá-la, ele não pôde deixar de sorrir e deixar escapar:

— Este é o dia mais importante da minha vida, Bud, eu falo sério...

Todos os hospitais psiquiátricos eram semelhantes, prédios vitorianos de aparência discreta, nos quais o instrumental terapêutico era indistinguível do equipamento de punição. Uma prisão, um hospício, um quartel — cada uma dessas instituições podia converter-se rapidamente em outra. Um programa de tratamento era um programa de correção. Qualquer um daqueles prédios era um hospício em potencial.

Ele deixou o asilo numa manhã clara de fim de outono, notando o barulho da brita sob os pés, o carro que o esperava. Um fotógrafo tirou uma foto dele de pé ao lado de seu agente. Ele olhava para a câmera como se ela não estivesse ali, nada lhe dando, retendo tudo dentro de si, esperando que o profissional desse o trabalho por concluído.

Aspirou o ar, que estaria vazio se não fossem os gritos das aves migratórias. Viu seu rosto, que o fitava de uma poça, contra um céu profundo como o espaço. Caminhou para o carro, com cuidado para não pisar na própria imagem, que estremeceu e desapareceu quando seu pé passou sobre ela.

O carro passou por árvores quase nuas, cobertas apenas por farrapos de folhas. Não havia vento, mas por todo lado se viam sinais de um vendaval recente, com galhos partidos e pendurados como lenha queimada, que se sobrepunham, numa combinação complexa de marcas escuras, no para-brisa. Luzes e escuridão roçaram seu rosto quando entraram na rodovia. Carros, letreiros de oficinas mecânicas.

— Que horas são?
— Meio-dia em ponto. Como está se sentindo, Bud?
— Bem, cara.
— Não se preocupe com coisa alguma, Bud.

Ele olhou pela janela quando o carro passou por um cemitério. Uma mulher seguia por um caminho estreito entre lápides, comprimindo flores vermelhas contra o fundo negro do casaco.

— Tem visto Buttercup?
— Ela está esperando você, Bud.
— E o menino?
— Está muito bonitinho. Ele se parece com você, Bud.
— É mesmo?

A expressão nos olhos de Bud: o universo sorridente, antes que houvesse nele sinal de vida. Nesse passado tão recuado. O carro seguindo pela estrada de dia. Nervosismo, esperança. À noite ele dormiria na mesma cama com Buttercup, sua mulher.

— Bud

— Bud

— Ah, Bud, meu querido.

Tomando-o nos braços, vendo a felicidade em seus olhos, soluçando, agora que ele está de volta, porque ela não consegue

dizer como suportou os meses sem ele. Ouvindo-o dizer "Ei, Butter, baby, baby".
— Bud.
Sabendo que é isso que significa estar com um homem, dar-se a ele, esse ato simples de um dizer o nome do outro. Seus dedos procuraram as cicatrizes na cabeça dele: o instinto da amante de buscar o local de maior sensibilidade.
Sorrindo, com a cabeça no travesseiro, ela disse:
— Meu ouvido está cheio de lágrimas.

Em Paris, você tocou para casas meio vazias, às vezes tocando como se nem estivesse ali. E até quando você podia tocar, movia-se como um esportista com uma lesão nas costas e que nunca consegue se movimentar com a mesma energia reflexa de antes, sempre consciente do esforço que estava fazendo para levar os dedos às teclas, sabendo que grande parte da concentração era gasta pela técnica, não restando muita para aquilo que faz o jazz acontecer, seja o que for.
Ou talvez não. Sempre acreditei que um artista tira proveito de tudo o que lhe acontece. Isso era verdade para você, Bud? Você era capaz de tirar proveito até dos fatos de sua vida? O início da carreira é o que conta, todo mundo concorda com isso. Mas, e quando você tocava mal? Não havia algo de especial nesses desempenhos, quando você lutava para reaprender a linguagem que ajudara a inventar? Seria a música engrandecida por sua incapacidade de tocá-la? Tal como o dano a um quadro intensifica uma perfeição que não está mais ali?

Você gostava de Paris, do perfume das lojas, do cheiro de café e de cigarros aromáticos, das mulheres que, na primavera, apareciam usando vestidos cor de açafrão. Gostava de ficar sentado num café enquanto o garçom empilhava as cadeiras e varria comandas, achando, como nunca poderia achar em Nova York, que você era a última pessoa a ir para casa na cidade.

Naquelas tardes em que o crepúsculo garoava perpetuamente sobre o Sena, você passeava ao longo do rio, trocando saudações de cabeça com africanos magros e sem meias. Flanava sob colossais céus de mármore, sentava-se a uma mesa do lado de fora dos cafés e olhava o trânsito, sem nada registrar. Quem o reconhecia era cumprimentado com uma taça erguida de vinho tinto, que você procurava sorver bem devagar, sorrindo feliz até o álcool começar a fermentar e borbulhar em sua cabeça. Você tentava não beber, mas sempre havia quem se sentisse feliz de, pelo preço de uma bebida, poder sentar-se a seu lado e fazer perguntas, procurando em seus olhos cicatrizes ocultas, notando o paletó mal abotoado, sentindo o cheiro da respiração sanguinolenta da tuberculose quando você falava.

— Aquela é a Torre Eiffel, não é?
— *Pardon*, Monsieur Powell?
— A Torre Eiffel. Aquela que às vezes a gente vê em fotos.
— *Oui*, Monsieur Powell.

Sentado numa cadeira metálica à beira de uma piscina, você tinha a sensação de olhar por cima da borda do mundo. Pocinhas deixadas pela chuva criavam cicatrizes no reflexo de seu rosto. Perto de você havia duas crianças, com gorro vermelho de pompons, e uma delas dizia:

— *La flaque d'eau, l'étang, le lac, l'océan.*
— *T'as oublié la mer* — corrigiu a outra. Você olhava para elas, perdido na vastidão das palavras.

* * *

Todo músico de jazz que ia a Paris tocava no Club St. Germain: Milt Jackson, Percy Heath, Kenny Clarke, Miles, Don Byas. Você chegou lá com Buttercup, empertigado, de braço dado com ela. Entrou como um homem que desce uma escada no escuro, tateando cada degrau com o pé. Seus olhos nada revelavam além de certa felicidade cautelosa.

Todos olhavam os americanos reunidos junto do bar, abraçando-se, batendo palma contra palma, dando-se nas costas palmadinhas que eram verdadeiros murros, rindo alto, a casa se enchendo da fumaça espiralada da fala negra. Abrindo caminho rumo ao camarim, sorriam e se desculpavam com muita gentileza, felizes por parar e ser cumprimentados, apertar e beijar mãos, perguntar o nome das pessoas que lhes davam tanta atenção, antes de pedir desculpas e reunir-se de novo ao grupo no bar. Rapazes sussurravam para as namoradas, apontavam quem era quem, qual deles era Miles Davis. Rapazes sozinhos, com copos meio vazios e livros pela metade, os observavam, em busca de pistas em tudo o que faziam, pois até a maneira como aqueles homens riam e conversavam parecia ter uma aura de grandeza.

O silêncio adensou-se no grupo quando olharam para o palco, um silêncio que ganhou ímpeto e se propagou pela casa. Um deles murmurou:

— Bud vai tocar.

Ninguém vira você deixar o grupo nem notara que você caminhava em direção ao piano até estar quase se sentando diante dele. O silêncio tornou-se depressivo. Vozes na plateia:

— Ele não é mais o que era, não é mesmo.

E sempre as sílabas murmuradas pairando no ar:
Bud Powell Bud Powell.

O chocalhar de cubos de gelo nos copos se derreteu e cessou.

Nuvens de fumaça se contorciam através de colunas de luz. A caixa registradora se abriu com violência, como um alarme.

Algumas notas, você ajeitou o corpo e mergulhou em "Nice Work" sem parar para refletir sobre como apresentaria a música que ia tocar, com tudo acontecendo num átimo. Seus dedos se moviam como se você tivesse tocado a melodia de Gershwin desde criancinha, com tudo saindo natural como respirar, sem ter nem de pensar, pois suas mãos conheciam o caminho no teclado como um pássaro conhece o céu. Todo mundo na casa percebeu o alívio que emanava dos americanos, que olhavam para você como se o vissem andar na corda bamba.

— Vamos, menino, vamos.

— Bote pra fora, Bud, pra fora.

O suor adornava sua testa e você sorria como se nada, algum dia, houvesse dado errado em sua vida. Um refletor iluminava seu rosto de lado, lançando uma silhueta nítida na parede, uma sombra que reproduzia cada movimento seu — um vulto balouçante que, empoleirado em suas costas, zombava de você.

— Isso, Bud.

— Vamos, Bud. Vamos!

E aí, como o acrobata que se desequilibra, um primeiro sinal de incerteza, a hesitação diante de uma nota, a vacilação, a recuperação do equilíbrio, e aí a hesitação outra vez, a insegurança quanto ao caminho, as sombras de seus braços se debatendo como as asas de uma ave às suas costas. E aí o tropeço, suas mãos se entrançando uma na outra, perdendo o impulso que poderia ter feito você superar um lapso de ideias, a música se desmoronando, o teclado virando um labirinto do qual você não acharia a saída jamais, perdido, aí... aí tocando algumas notas, mas perdendo a ideia, afogando-se na música como se ela fosse um oceano a tragá-lo... Aí aí aí. Aí não fazia mais sentido nem encostar a mão no teclado.

Você se levantou, empurrando a banqueta para trás com as pernas, sua sombra erguendo-se acima de você. A devastação deformando seu rosto, vertendo suor, tirando um lenço branco de um bolso, esfregando-o no rosto como uma criança apagaria um quadro-negro, esperando exterminar-se, banir toda a memória de sua existência. O silêncio na casa deixara de ser o de um ser respirante e vivo para ser aquele que é a ausência de toda e qualquer vida, o silêncio que pende das árvores depois de uma batalha aterradora. Você se afastou do palco. Mãos batendo umas nas outras, transformando-se em aplauso. Buttercup veio em sua direção, abraçou-o, você passou o braço sobre o ombro dela, ela ergueu a mão para acalmar o nervo que pulsava em sua face, sentindo-o latejar enquanto voltavam para o grupo de americanos. E quando eles começaram a aplaudir, todos na plateia, mas todos mesmo, entenderam que com certeza devia haver algo de terrificante numa forma de música capaz de provocar tamanho estrago num homem. Era como assistir ao trabalho de um ginasta e aceitar tanta agilidade e resistência como naturais até que uma fração de erro o faz estatelar-se no chão. Só então se percebia até que ponto ele fizera o quase impossível parecer corriqueiro — e que é o tombo, e não a série perfeita, que expressa a verdade, a essência do esporte. Essa é a lembrança que permanece para sempre.

Já é tarde, Bud, o disco chegou ao fim, as velas se embebedaram e apagaram. Daqui a pouco estará claro. Estou cansado, mas você fica sentado aí como se o tempo não existisse. Você está cansado? Cansou-se de me escutar?

Bud? Você ao menos ouviu o que eu disse? Alguma coisa foi como eu falei, ao menos uma parte foi assim como imaginei? Talvez esteja tudo errado, mas eu tentei. Eu queria escutar a sua história, Bud, não contá-la, e se isso não fosse possível, queria contá-la como você gostaria que ela fosse contada. Eu não tinha muito em que me basear. Estive com pessoas que tocaram com você, com pessoas que tocaram com pessoas com quem você tocou. Cheguei até a conhecer alguém que estava no Harlem quando 5 mil pessoas foram às ruas para ver seu féretro passar. Além disso, eu só tinha os discos e as fotos: são tudo o que resta agora.

    E isto, Bud. E agora isto.

Pararam numa passagem de nível e daí a instantes surgiu um trem estrondeando na direção deles. Viram a longa parede de carga passar com um som de trovão, enquanto os trilhos guinchavam sob o peso. Duke ainda tinha saudade dos tempos em que viajavam por todo o país de trem, em dois vagões Pullman alugados especialmente para a orquestra: um casulo que os isolava dos racistas do Sul e de preconceituosos trabalhadores rurais. Não conhecia um ambiente melhor para trabalhar do que os trens. Ele escrevera a maioria de suas músicas enquanto viajava de trem ou nas poucas horas roubadas em hotéis. O trem proporcionava tanto um estímulo inspirador quanto um santuário para a concentração. Por ocasião da morte de sua mãe, ele se trancara numa parte fechada do Pullman para compor "Reminiscing in Tempo" — totalmente invadido pelo ritmo e pelo movimento do trem que corria para o Sul. Muitas vezes a vibração dos trens e os apitos das locomotivas acabavam entrando em sua música, sobretudo na Louisiana, onde os bombeiros tocavam blues com o apito de seus caminhões, frases atormentadas e espectrais como uma voz de mulher na noite. A estrada de ferro estava presente em sua música, como também permeava a história dos negros americanos: eles construíam as ferrovias, trabalhavam nelas, viajavam em trens e, de vez em quando, lá estava ele, compondo em trens: essa era uma tradição de que se sentia herdeiro. Certa vez, no Texas, ferroviários olharam pela janela de um trem levado para um desvio e o viram debruçado sobre uma partitura, com o suor pingando na página. Um deles bateu na janela. Não queriam perturbá-lo no trabalho, mas estavam ansiosos por dizer-lhe "Oi, Duke" ou algo assim. Ele se levantou, sorridente, e contou a eles em que estava trabalhando — era "Day-break Express", uma música sobre os homens que tinham construído a ferrovia:

— Cavando, cavando, batendo com uma marreta durante seis meses... E aí o trem passa — zum... piuí-piuí-í...

Explicando sua música para eles, vendo o orgulho extravasar de seus olhos.

Durante todo o tempo em que viajara de trem, acumulara memórias assim, procurando depois uma melodia que correspondesse às coisas que tinha visto: cores como o vermelho inflamado do entardecer em Santa Fe as línguas de chamas amarelas que lambiam a noite em Ohio, o céu inteiro inundado pelo calor ferruginoso de fornalhas...

Esperaram que o trem interminável passasse, com o barulho de rodas e trilhos ressoando em seus ouvidos.

— Trem comprido, esse — disse Harry por fim, engatando a primeira e sacolejando por cima dos trilhos.

— Comprido mesmo — concordou Duke, enquanto se afastavam e olhando para o trem vagaroso que apitava a caminho do Sul.

A Europa era menos um continente do que uma rede de estradas de ferro que ele tratava como se fosse um gigantesco metrô, que o transportava de uma parte da cidade para outra, de uma casa noturna para outra. Viajava vestindo ternos que, dias depois, estavam amarrotados como pijamas; a mesma coisa acontecia com as gravatas, que começavam abraçando seu colarinho e acabavam penduradas em seu pescoço como uma fita numa festa de Natal. Conversava com todo mundo: com meninos de escola que queriam rir e brincar com ele, bêbados no carro-restaurante, velhas que se sentiam constrangidas em viajar no mesmo vagão de trem com um negro, até que captavam em seus olhos a expressão infantil que as fazia se lembrarem dos próprios filhos, que tinham se tornado homens sem deixar de ser meninos. De vez em quando alguns o reconheciam, pagavam-lhe uma bebida quando o carrinho passava; se lhe pediam, ele tirava o sax tenor do estojo e tocava. Vinte anos depois, essas pessoas contariam que tinham viajado juntos para Paris, que tinham se sentado ao lado daquele galalau negro e embriagado, com o chapéu de feltro na nuca e a cabeça apoiada nele, os botões da camisa prestes a se abrir, manchas de ovo na lapela do paletó... Que tinham levado um papo, o americano grunhindo *ouis* e *nons* belicosos, caindo na risada só de se ouvir falando francês.

E você contaria ainda que, quando ele pronunciou a palavra "jazz", você de repente se deu conta de quem ele era e lhe apertou a mão, sentindo a palma macia e lisa, suave como gostaria que fosse a pata de um urso. Que lhe disse o quanto a música dele era importante em sua vida, que tinha discos que ele gravara com Duke, sobretudo *Cottontail*, que Duke uma vez tinha se apresentado numa cidade a trezentos quilômetros da sua e que você tinha ido até lá de carro e voltado na mesma noite só para vê-lo. Que lhe fez perguntas sobre músicos que ele conhecera, e que escutara suas histórias como uma criança abrindo seus presentes de Natal, pagando bebidas toda vez que o carrinho passava. E que por fim, confiante em que ele concordaria, mas ainda assim meio acanhado, lhe pediu que tocasse. Que o viu descer o estojo do saxofone do bagageiro, como se fosse mostrar fotos de seus entes queridos — e era exatamente isso o que ele iria fazer —, abrindo os fechos e montando o instrumento, molhando a palheta e prendendo o bocal. Que ele pigarreou, pôs o cigarro no cinzeiro e começou a tocar enquanto o sol dardejava seus raios através de uma fileira de árvores distantes. Que batia o pé devagar sobre o *clept-clept* dos trilhos, diminuindo aos poucos o andamento até que o sax passou a soar tão vivo que mais parecia feito de carne e osso que de metal. Que agora os raios de sol vinham muito inclinados, sobre campos de ouro, e caíam em seu rosto de uma forma que fazia lembrar fotos de um planeta no espaço, com a luz destacando um lado e deixando o outro inteiramente escuro. Que sua execução ganhava intensidade à medida que se tornava mais lenta, esvaindo-se num vibrato e, a seguir, envolvendo de novo o vagão com soluços profundos de som. Que então você decidiu, naquele instante, vendo a tremulação de suas bochechas e o famoso movimento brusco de cabeça, quando ele respirava, que, se um dia ouvisse alguém dizer qualquer coisa negativa sobre os negros, não deixaria aquilo sem resposta, que de agora em diante ou você esmurraria os racistas ou pelo menos sairia da sala. Que ninguém, nem mesmo um rei ou um príncipe que tivesse chamado Mozart ou Beethoven para tocar em seu salão, jamais vivera uma experiência musical tão privilegiada ou pessoal como aquela — Ben Webster tocando só para você. No entanto, mais do que tudo, que quando ele terminou de tocar, depois de virar o saxofone para baixo e deixar a saliva escorrer para o chão, quando o trem começou a desacelerar à vista da estação em que você ia descer — cedo demais e, contudo, no momento exato, pois já então Ben estava tão bêbado que isso poderia ter estragado a perfeição de tudo —, que quando você lhe agradeceu, com o coração tomado pelo orgulho que se sente em momentos de total sinceridade, que quando você lhe apertou a mão e o olhou, também dos olhos dele corriam lágrimas que deixavam rastos na face. E que, quando o trem partiu e você acenou para ele de novo, aquele negrão bêbado, sentado ali com um terno que fazia as vezes de guardanapo, lenço ou toalha de mesa, acenou de volta.

Sim, nada o deixava mais feliz do que atravessar a Europa de trem, vendo o campo se transformar em cidade e em campo outra vez, as pessoas que entravam e saíam do trem nas estações, o bate--bate de portas e aqueles momentos iniciais de movimento quase imperceptível do trem que partia de novo, o impulso de rodas pesadas a deslizar sobre os trilhos, toda aquela massa posta em movimento, vencendo a inércia. Num trem ele não se importava com o que acontecia, mesmo quando lançava um olhar ao caos de garranchos que era seu diário e constatava que, até onde conseguia entender, já estava duas horas atrasado para uma apresentação em Nápoles, que ainda se encontrava a seiscentos quilômetros de distância. O bom de um trem era que depois que se entrava nele tudo corria às mil maravilhas, ele levava a pessoa aonde ela queria ir sem nenhum trabalho de sua parte. Só que entrar nele... aí era outro papo. Às vezes, pegar um trem era mais difícil que achar uma agulha no palheiro. Mil coisas podiam acontecer entre achar a hora do trem e chegar à estação a tempo. Mesmo se você chegava lá com meia hora de antecedência e resolvia matar o tempo no bar da estação, sempre podia perder o trem. Hoje, por exemplo, ele perdera um trem antes. Na verdade, perdera três. Trens perdidos... Merda, se ganhasse um dólar para cada trem que tinha perdido, seria rico. E se fosse um dólar pelas pessoas que perdera, seria milionário. Nápoles... Como era difícil chegar a esse lugar.

Destapou a garrafa, tomou um gole triplo e olhou, através de seu reflexo, para a noite europeia sem estrelas. Durante longos intervalos havia apenas campos, e um súbito aumento no volume sonoro era o único indício de que o trem desembestava por um corte. O rosto na janela foi dividido em dois por uma rodovia que seguia paralela à linha férrea, e seus olhos fitavam a cena como duas luas descoradas. Por algum tempo, o trem perseguiu as luzes meteóricas de um automóvel, antes que os trilhos se curvassem para a direita, puxando para longe os vagões relutantes.

Alongou-se no assento, erguendo os olhos para a rede no bagageiro. O vagão estava tomado por uma névoa fumarenta de bar, as janelas estavam molhadas de condensação. Frases melódicas lhe passaram pela cabeça, desvanecendo-se como as luzes amarelas nas janelas de escuras casas de fazenda. Ele puxou o chapéu sobre os olhos e caiu devagar no sono.

Vez por outra ele acordava, com a boca seca como algodão, com o trem parado em lugares inexplicáveis — estações sem nome onde ninguém subia ou descia e funcionários da estrada de ferro seguravam copos de café, esperando que o trem partisse antes de atirar os restos na plataforma.

Ele carregava sua solidão consigo como se fosse o estojo do instrumento. Ela nunca o abandonava. Após as apresentações, depois de conversar com fãs e, às vezes, com alguns amigos de passagem pelo lugar, depois de se refugiar num bar e ali se deixar ficar até não haver mais ninguém para ir embora, depois de se arrastar de volta a seu quarto, depois de tatear em busca das chaves e ouvi-las arranhar ao girar no interior da fechadura silenciosa, depois de abrir a porta e entrar no apartamento, sempre exatamente como o deixara, depois de jogar o estojo do sax no sofá — depois de tudo isso, por tardíssimo que fosse, sempre chegava o momento em que ele queria continuar a conversar, ouvir o tinido e as borbulhas de alguém passando um café ou preparando uma bebida. Voltando para o apartamento assim, ele destapava uma garrafa, tomava uns tragos e ficava de cueca e camiseta, tocando o saxofone o mais baixo que podia. Quando morava em Amsterdam, telefonava para amigos nos Estados Unidos a qualquer hora da noite, mas agora só havia o sax, e ele o usava para tentar falar com Duke, com Bean ou outra pessoa, revezando durante uma hora ou mais entre a garrafa e o instrumento.

De manhã, ao acordar, via-se estendido no sofá, abraçando o saxofone, menos para procurar conforto nele do que para lhe oferecer um gesto simples de proteção. Perto dali uma garrafa jazia virada, como se tivesse tomado umas a mais e emborcado. Uma manchinha no tapete, próxima ao gargalo, marcava o lugar onde ele parecia ter vomitado de noite. De vez em quando, a garrafa ainda continha um restinho de bebida, mas naquela manhã só tinha a luz que penetrava pelas janelas e a enchia, como um navio. Ainda estirado no sofá, ele olhou em torno do apartamento, tomado pela quietude que só ocorre no meio do dia, quando todo mundo já saiu para o trabalho e tudo o que se ouve é o latido solitário de um cão, o riso de uma criança ou o ruído de operários a alguns quarteirões de distância. Ele tomou um banho e ficou fumando na banheira estreita, deixando o vapor umedecer a esponja árida de sua cabeça. Os únicos sons eram o das gotas que caíam da torneira e o espadanar de seus movimentos, o rangido de seu corpo contra a banheira. Como viver no exterior esvaziava a cabeça! Ainda fumando, enrolou-se numa toalha enorme e abriu a janela, deixando entrar a luz do sol, loura e fria. Pôs um pouco de música que o despertasse no toca-discos e dirigiu-se ao fogão para preparar café, achando a panela ainda cheia da borra compacta da véspera. Quando se dispunha de tanto tempo, não havia nada a observar senão os próprios gestos: a mão que se estende para pegar a caixa de fósforos ou baixar o fogo, esperando que a água ferva.

Fatiar o pão, passar manteiga nas torradas, com as migalhas caindo na camiseta ou na cueca, escutar os primeiros discos do dia. Ele engoliu o café como se fosse cerveja, rolando a torrada úmida em torno da boca, sentindo-a desintegrar-se na massa escura e pastosa do café.

Mais tarde, naquela manhã — a tarde dos outros era a sua manhã —, vestiu o sobretudo marrom, pôs o chapéu e fez uma caminhada, passeando pelo parque, vendo as folhas caídas e os bancos, que também passavam por suas estações. A luz do outono era branco-amarelada e caía num ângulo tão baixo que ricocheteava em qualquer coisa, até em folhas secas ou em tocos de roseiras. Alguém tinha deixado o jornal num banco, e ele se sentou para lê-lo. Seu dinamarquês não bastava para que compreendesse várias palavras, mas era agradável analisar os blocos de texto e as diferentes famílias tipológicas, segurar o jornal nas mãos e tentar adivinhar o assunto de uma reportagem. Olhar o jornal assim era um hábito que ele adquirira desde que começara a morar no exterior, e sempre o fazia lembrar a fotografia que Fump Hinton tinha feito dele, de Pee Wee e de Red num estúdio de TV na década de 1950. Merda, aquela máquina não saía da mão de Fump — ele parecia passar tanto tempo tirando fotos quanto tocando contrabaixo. No entanto, ele não tirava uma foto como geralmente as pessoas faziam. Muitos fotógrafos davam a impressão de estar surrupiando alguma coisa de você. Com Fump, porém, era como se um amigo estivesse duro mas não pedisse um empréstimo por orgulho, e nesse caso era preciso convencê-lo a aceitar algum dinheiro, dizendo-lhe que não era dado, mas emprestado, para que se sentisse à vontade, como se isso significasse mesmo alguma coisa para ele.

Os quatro estavam esperando para gravar uma participação em um programa de TV, mas há alguma coisa em homens esperando juntos numa sala que faz com que até um estúdio de TV pareça um órgão de assistência social ou a sala de espera de um médico. Pee Wee não parecia em nada um músico de jazz, lembrava mais um ator cômico inglês dos anos 1940, do tipo que faz papéis de barnabés casados com mulheres chatas. Na verdade, uma vez tinha atirado num homem e fazia dez anos que vivia apenas de milk-shakes de uísque e conhaque, nunca comendo comida de verdade — até uma garfada de carne era demais para ele. Precisava de um copo cheio de uísque para sair da cama e ficou tão debilitado que, a caminho da loja de bebidas, precisava abraçar cada poste de luz que encontrava, como um amigo sumido. Depois passou um ano hospitalizado — com o fígado e o pâncreas em pandarecos — e ao receber alta recomeçou a beber. Era alto como Ben, mas tão magricela quanto Ben era corpulento.

Ben estava lendo o jornal, Pee Wee fumava e tentava, meio sem vontade, fazer com que o paletó esporte parecesse cair bem nele: não se sabe como, conseguia ser, ao mesmo tempo, folgado e apertado. Sua gravata o agarrava pelo pescoço como um assaltante ébrio. Uma pele branca como toucinho aparecia entre a bainha da calça e as meias, sem pelos, como que desgastada pelo atrito de calças durante quarenta anos. Hinton começou a mexer na máquina, levantou-se e tirou umas fotos. Os outros três nem notaram. Red estendeu a mão e pegou um cigarro de Pee Wee. Depois disso, não pareceu fazer mais nada além de erguer a calça e dizer "Bem..." ou "Puxa", ao mesmo tempo que se inclinava um pouco para a frente.

Ben folheava o jornal, com um ou outro pigarro. Agradava-lhe passar o tempo praticando aquela espécie de tranquila não leitura, sem nem mesmo ler os textos rapidamente, mas apenas dando uma olhada geral. Red olhava o jornal por cima do ombro dele. Pee Wee balançava o pé de leve, cruzava e descruzava as pernas, tentava olhar para alguma coisa que não fosse o jornal, que comprara e lera antes — mas quando três pessoas estão sentadas lado a lado, uma delas lendo, não há nada que as outras duas possam fazer além de ficar olhando e esperar que ela termine para que uma delas possa pegar o jornal e deixar as outras querendo tê-lo nas mãos. Ben tossiu, pigarreou, assoou o nariz. Pee Wee suspirou, olhou para o relógio e fez um ruído de sucção com os dentes. Red inclinou o corpo de novo, disse droga, peidou. Pee Wee assoou o nariz como um homem com pneumonia.

— Gente, com a barulheira que estamos fazendo, eles deviam vir para cá e gravar logo a participação de nosso trio para o programa — disse Ben, inflando as bochechas, expirando e fechando o jornal.

Pee Wee cruzou e descruzou as pernas, Red levantou a calça — que já estava chegando aos joelhos. Puxando o chapéu mais para trás, Ben deu a ordem que todos vinham esperando:

— Vamos ver se arranjamos uma bebida por aí.

Isso tinha acontecido anos antes e a mais de 10 mil quilômetros dali, mas ainda agora a lembrança o levava a sorrir. Ben baixou o jornal e ficou vendo o vapor tênue de sua respiração se afastar, dançando no ar, assoou o nariz e olhou em torno, para o céu em que nada se movia, para as folhas secas que o vento empurrava. O céu cor de mármore anunciava a chegada do inverno, o chão estava mais duro. Os verões eram agora tão breves que para onde ele olhasse era outono ou inverno. Um ciclista que pedalava em sua direção gritou:

— Bom dia, Mr. Webster — ele acenou também, sem saber direito de quem se tratava, escutando o zumbido lento das rodas que se distanciavam. Todos o reconheciam e o tratavam com a máxima cortesia. Até algo simples como aquilo — alguém sorrindo e chamando-o pelo nome, ou um cachorro que corria a seu encontro para ser afagado — bastava para fazer as lágrimas rolarem por seu rosto. Sempre chorara com facilidade, tão logo percebia que cometera algum erro ou quando alguém era gentil com ele. Toda forma de sinceridade o levava ao pranto.

O tipo do sujeito capaz de rebentar a cara de alguém num momento e de cair no choro no seguinte.

Talvez todos os exilados sejam atraídos pelo mar, pelo oceano. Há uma música inerente nos sons de trabalho das docas e dos portos, e às vezes ele achava que toda a beleza melancólica do blues estava presente numa buzina de nevoeiro que soava, plangente, no mar, advertindo os marujos quanto aos perigos que os aguardavam.

Cada vez mais ele gostava de tocar perto da água. Em Copenhague, depois que as casas noturnas fechavam, ia até o porto e tocava ali, enquanto o sol desbotado nascia sobre o mar cinzento. O mar era uma plateia perfeita, o ouvido perfeito para a sua música: tornava cada nota um pouquinho mais profunda, sustentando-a um pouco mais. Na luz do oceano na madrugada ou na neblina que vagava à deriva ao anoitecer, marinheiros debruçados na amurada de navios fundeados ou trabalhadores que faziam uma pausa na estiva o ouviam arrancar de seu saxofone uma melodia portuária. Às vezes um marinheiro de pileque, com uma prostituta num braço e tatuagens no outro, passava por ele cambaleando e o ouvia por alguns minutos antes de jogar moedas no chapéu que não estava ali. Seu toque era forte e pacífico como as marés, bradando como se a terra na verdade não fosse mais que um imenso navio, singrando as ondas, rumando para casa. A água lambia o cais, marcando o andamento lento de que ele precisava, amarras grossas se retesavam com o esforço. Chamando umas às outras, gaivotas rodopiavam e guinavam ao pêndulo grave de sua música. Certa vez, duas baleias vieram à tona, um pouco além da linha de sombra, e escutaram o pranto ondulante do blues antes de disparar mar abaixo, levando consigo aquele som para os abismos do oceano. Quando alguém lhe falou disso, ele caiu no choro, sentindo dentro de si a obscura solidariedade de uma espécie ameaçada por outra.

Em Amsterdam, tocava à beira da água cheia de folhas dos canais escuros. Em Londres, caminhava pela ponte de Chelsea para o Embankment, com as luzes da ponte conferindo certa doçura às multidões que fluíam em sua direção, a homens de negócios com ternos risca de giz e guarda-chuvas, as mulheres envoltas em xales e com sapatos de salto alto. Ele baixou o olhar para o Tâmisa, um rio tão velho e fatigado que quase não se movia, com as muitas pontes ligando uma margem à outra até o rio sumir de vista em uma curva. Era a hora do congestionamento do trânsito à tarde, quando todo mundo se acotovelava em pubs ou corria para casa, para as luzes morenas de casas que fulgiam atrás de árvores desfolhadas. A noitinha nadava numa bruma azul, a iluminação pública perolava o rio azul-marinho. Engraçado, a vista o fazia nostálgico do lar, mas o lugar de que ele sentia saudade era Londres. Alguma coisa no céu azul-ferrete, na luz entrevista atrás das árvores e no longo e lento bocejo do Tâmisa passando sob tudo isso — mesmo ao contemplá-la, parecia uma recordação, como se fosse um pedaço do passado sobre o qual você estivesse falando a amigos.

Talvez isso acontecesse porque Londres era exatamente como você tinha imaginado: táxis, ônibus vermelhos, o palácio de Buckingham, pubs e chuviscos. E, além disso, o fato de que, aonde quer que ele fosse, parecia dar com uma atração turística famosa: Trafalgar Square, as Casas do Parlamento, Picadilly Circus, o Big Ben. Fotografaram-no ali, diante da torre do relógio, e usaram a foto, em que ele ria do trocadilho, na capa de um long-play.

Ele tossiu e assoou o nariz (isso era outra particularidade de Londres, a pessoa vivia resfriada). Que merda, ele nunca estivera num lugar tão úmido. Deixando para trás a ponte, vagueou pelas ruas brancas até chegar a um pequeno pub cujo letreiro, balouçante, rangia na brisa. Avançou em meio à fumaça de cigarros, pediu uma cerveja e abriu espaço para si no balcão. Não paravam de chegar sujeitos que estendiam notas de libras por cima de seu ombro e pegavam canecões gotejantes de cerveja quente e escura, comprando cinco ou seis de uma vez. O vozerio de homens enchia o lugar, homens que bebiam, que contavam histórias de brigas, devolviam as canecas de cerveja quando ainda restava um terço da bebida e pediam outra rodada. Brigas e bebedeiras — ele nunca vira um lugar assim. Vagando pelo Soho, durante os intervalos de suas séries, nas sextas e nos sábados, perdia a conta das brigas que via. Era mesmo o tipo de cidade de que gostava, era como estar em casa. Naquela época ele já não brigava tanto. Não muito tempo antes, estivera prestes a sair na mão com alguém, mas se contivera ao pensar que tinha de guardar todo aquele fogo para o sax. Ainda sentia os familiares ímpetos de beligerância depois das primeiras doses, mas após mais cinco ou seis aquilo passava e toda a agressividade era lavada, saía na urina, deixando-o num fulgor pantanoso de álcool. Nessa época embebedar-se já não exigia sua participação ativa; era apenas o estado para o qual o dia se encaminhava. Certa vez alguém lhe dissera que o vidro não era um sólido completo e que, se uma placa de vidro fosse deixada em pé, se espalharia levemente na parte inferior, se tornaria um pouquinho mais larga embaixo do que em cima. O mundo inteiro estava ficando assim, tudo vinha se espalhando e vazando, desabando. Não era mais como nos velhos tempos, em que, quanto mais ele bebia, mais se enfurecia, acabando sempre por se ver no meio de uma tempestade de vidro, mesas quebradas e cabeças rachadas, erguendo alguém do chão, como se fosse um levantador de pesos, e o arremessando pela janela. Ou como a vez em que estava conversando com um jovem branco quando um marinheiro de porre entrou e começou a aprontar. Ben logo tinha acabado com aquilo, pisoteando-o e voltando para sua bebida, para arrematar o caso que estava contando, encostado no balcão e apoiando um pé nas costas do marinheiro inconsciente. Encarava uma briga com toda a tranquilidade, e, contanto que ninguém puxasse uma faca, parecia infenso ao efeito de murros, que seu corpo absorvia, de modo que os efeitos posteriores de uma refrega eram indistinguíveis dos da bebida — a não ser no dia em que se meteu com Joe Louis e acabou com duas costelas fraturadas, tão mamado que nem sentiu.

Sempre tivera uma constituição física forte e vigorosa, e quem o visse lá pelos trinta e poucos anos tinha a impressão de que seu corpo esperava a chance de se desenvolver ainda mais. Com o tempo, seu corpo e seu som se tornaram quase idênticos: fortes, pesados, redondos. Quem o visse agora no palco notaria a barriga estufada, as bolsas baixo dos olhos, o rosto redondo — não havia ângulos em parte alguma. Quando tocava, os olhos rolavam para cima, o pescoço e as bochechas se inflavam como se ele estivesse para se tornar perfeitamente esférico. Ele sempre gostara de tocar devagar, mas agora seus movimentos tinham se desacelerado a tal ponto que havia uma clara harmonia entre a forma como seu corpo queria mover-se e o som que ele produzia. Tocava baladas tão lentamente que se percebia o imenso peso do tempo sobre ele. De certo modo, quanto mais lento o andamento, melhor ele tocava: tivera uma vida longa e era muito o que ele precisava pôr em cada nota. E, ao mesmo tempo, uma parte dele nunca crescera, ele tinha as emoções de um menininho, e às vezes era como se soluçasse ao saxofone, de modo que mesmo alguma coisa simples e bonitinha que tocasse podia dilacerar o coração. Produzia um som vigoroso, e ouvir como ele lhe insuflava tal suavidade era como ver um vaqueiro segurar um animal recém-nascido ou ver um operário de construção entregar flores à mulher que ama. Na gravação de "Cottontail", seu som lembra o punho de um boxeador, mas Ben tocava uma balada como se ela fosse uma criatura tão frágil, fria e agonizante que somente o calor de seu hálito pudesse trazê-la de volta à vida, uma vidinha tão débil que até sua respiração parecia um vendaval.

— Se alguém lhe perguntava sobre sua filosofia da música, Duke respondia "Eu gosto das lágrimas sentidas dos velhos tempos", e Ben poderia dizer o mesmo. Adorava baladas, músicas sentimentais. Já houve quem definisse o sentimento como emoção barata, mas isso não se aplica ao jazz. O jazz torna automaticamente necessário ganhar a emoção, porque é dificílimo tirar do saxofone um som tão suave, manter o suingue e fazer com que o sax arranque lágrimas de seu coração. Se você está fazendo jazz, está automaticamente pagando pela emoção; quem conhece a história da música sabe o que isso quer dizer. Quando Ben toca um blues ou "In a Sentimental Mood", entende-se como é irrelevante aquela velha ideia de sentimento barato. Ele nunca se tornava meloso, porque, por mais suave que fosse seu som, lá estava sempre o urro, oculto em algum lugar.

A tristeza em suas baladas vinha da nostalgia, e ele sempre lembrava das jam sessions em Kansas City, tocando a noite toda e com todo mundo superando todo mundo, todos cercados de aplausos e amigos. Naquele tempo, quando as pessoas aplaudiam ao fim de um solo, ele levantava a mão direita e acenava, saudando a plateia como se um velho amigo tivesse entrado no lugar com o estojo do sax pendurado no ombro, querendo participar da sessão. Quando os amigos realmente passavam por lá, ele dava consigo radiante e sorria de orelha a orelha, e só então percebia como era raro ele rir daquele jeito, como era difícil ter a oportunidade de ver isso. Não era como os dias que ele passava viajando com Duke ou tocando com amigos no Harlem — como a vez em que ele entrou correndo no Minton's, fugindo de uma chuvarada, e viu um garoto com um saxofone tenor, fazendo-o gemer e se debater como se o sax fosse uma ave cujo pescoço ele estivesse torcendo. Ofegante e pingando água no chão, ouviu os laços e os nós de som que pareciam se atar e desatar. Escutar o instrumento gritar e gemer assim era como ver uma criança que ele amava ser espancada. Como nunca tinha visto o rapaz antes, aproximou-se do tablado, esperou que ele terminasse seu solo e disse como se fosse o instrumento *dele* que o sujeito tivesse maltratado:

— O tenor não é para ser tocado depressa assim.

Tirou o sax das mãos do rapaz e o depôs com cuidado numa mesa.

— Como você se chama?
— Charlie Parker.
— Sabe, Charlie, tocando desse jeito você vai enlouquecer seus fãs.

A seguir, soltou aquela risada resfolegante, como se assoasse o nariz e risse ao mesmo tempo, saindo de novo para a chuva, como um xerife que tivesse acabado de tirar uma arma perigosa da mão de um caubói borracho.

Não era um saudosista, mas sabia que a vida da música dependia de cenas como aquela. Para ele o jazz não era difícil como veio a ser para certas pessoas mais tarde; ele esteve sempre radicado naquela época em que as pessoas se juntavam só para tocar. A ideia era prestar uma contribuição à música, oferecer-lhe alguma coisa, achar seu próprio som, no saxofone, no piano, no instrumento que fosse. Os sujeitos que vieram depois se julgavam responsáveis pelo futuro da música — não só pelo futuro de seu instrumento, mas da música como um todo. Consideravam que tinham de fazer algo que mudasse a música nos próximos dez anos — só que, daí a seis meses, surgia alguém que mudava a música de novo. Havia agonia em cada nota que tocavam, faziam qualquer coisa com o instrumento apenas para que seu som fosse diferente, asfixiando-o até ele guinchar e berrar, até a música complicar de tal maneira que um sujeito precisava estudar três ou quatro anos na escola antes de ter esperança de poder tocar alguma coisa. Para ele o jazz não era difícil assim, não era uma coisa com a qual fosse necessário lutar e que tivesse de ser refeita à imagem do músico: jazz era somente tocar seu saxofone.

— Se você gosta de jazz, tem de gostar de Ben. Você pode gostar de jazz, mas não de Ornette, talvez até nem de Duke, mas é impossível gostar de jazz e não gostar de Ben.

* * *

    Ele carregava sua solidão consigo, mas também carregava seu som, como uma espécie de consolo. O saxofone era a sua casa — o sax e os chapéus, que para ele eram menos cobertura do que moradia, tão inclinados sobre a cabeça que mais pareciam solidéus. Acordar de manhã e ficar contente com o fato de o chapéu inamassável ainda estar em sua cabeça — isso era o mais próximo que ele chegava agora da sensação cálida de ter estado longe durante muito tempo e de repente lembrar que estava em sua própria cama. O chapéu e o sax: a tradição — o lar que ele nunca teria de deixar.

    — Como Ben tinha comentado que queria conhecer o campo inglês, nós o pegamos no apartamento em que estava hospedado e saímos de carro, pelos subúrbios intermináveis, em direção ao campo, sem nunca deixar de todo a cidade. Ben admirou-se com o pouco que havia para ver: nada de estradas de ferro, tapumes ou outdoors, só uma escassez gradual de tudo. Passamos por pubs, todos os quais pareciam ter as palavras Crown, Fox ou Hounds no nome. Todos os carros pelos quais passávamos eram pretos. O céu estava nublado, e quando, por fim, chegamos ao campo cinzento, começou a cair uma chuvinha fina. Nuvens abraçavam os morrotes que se elevavam e baixavam à nossa volta.
    Desviamos para o acostamento da estrada principal e estacionamos, sentindo o silêncio por alguns momentos. Eu tinha emprestado a Ben um par de botas de borracha, e, tão logo ele conseguiu metê-las nos pés, saímos caminhando por uma trilha estreita, enfiando os pés em poças. Passamos por um portão em ruínas e por sebes invadidas por espinheiros, debaixo de um chuvisco tão fino que era pouco mais do que uma umidade no ar.

Seguíamos em fila indiana, minha mulher na frente e Ben no meio, ofegando e sujando o ar com a fumaça de seu cigarro. Fomos por essa trilha até um bosque, com os olhos se ajustando à penumbra que as árvores aprisionavam. Durante algum tempo a chuva caiu forte e ouvíamos seu tamborilar nas copas altas. Ao chegarmos à orla do bosque, Ben disse que estava cansado e que esperaria ali enquanto íamos mais à frente. O caminho nos levou a um longo percurso em torno da borda de campos, até terminar num morro. Com algum receio de que Ben pudesse impacientar-se, voltamos pelo bosque. Achar o caminho entre as árvores não era fácil e daí a dez minutos estávamos inteiramente perdidos — e só por sorte topamos com Ben exatamente onde o tínhamos deixado. A gente estava indo para a orla do bosque, pensando em refazer nossos passos pela trilha, quando o avistei, muito corpulento, com o sobretudo bem puxado em torno do corpo, o chapéu na cabeça, uma figura em nada condizente com o lugar. Eu já ia gritando seu nome, mas havia na cena uma placidez que eu não quis perturbar. O sol irrompia pelas nuvens no horizonte, mostrando a silhueta de umas árvores e tingindo outras de dourado. O bosque estava tomado pelo silêncio úmido de uma chuva antiga que escorria pelas folhagens. Aves deixavam as árvores altas e sobrevoavam os campos. Ben achava-se na borda do bosque, encostado num mourão de porteira, olhando para o rolo de fumo que subia da chaminé de uma fazenda distante, do outro lado do campo, para nuvens que se moviam, morosas, sobre colinas escuras. Ficamos muito quietos, sem fazer nenhum ruído, como se, de súbito, tivéssemos dado com uma bela ave, jamais vista naquele lugar.

Você me pergunta o que a música de Ben significa para mim. Não posso ouvi-lo tocar sem me lembrar daquela tarde. Para mim, é isso que sua música traduz, é isso o que ela significa para mim. É tudo o que posso dizer.

Ainda não estava claro, mas a escuridão da noite cedera lugar ao cinza da madrugadinha, quando aparecem luzes nas casas e as árvores esperam como reses magras no horizonte.

Duke estendeu a mão e ligou o rádio, sintonizando num programa que apresentava músicas dos primeiros tempos do jazz. Tocaram um disco de King Oliver e repetiram uma história batida — quando os prostíbulos de Nova Orleans foram fechados, os músicos subiram o Mississippi e o jazz se espalhou pelos Estados Unidos. Duke mal ouvia, uma ideia se formava em sua cabeça. Desligou o rádio e refletiu, batendo com um lápis no painel. Sim, talvez ele pudesse fazer assim: começaria com uma pessoa, anos mais tarde, ligando o rádio enquanto cruzava o país de carro, escutando trechos de músicas do passado, não músicas de Armstrong ou de pessoas como ele, mas de músicos modernos, caras que tinham surgido recentemente ou que estavam começando agora, mas que já estariam mortos na época em que o sujeito estivesse ouvindo — uma pessoa que não tivesse vivido aquele período, que só conhecesse a música por gravações. Antevendo a vida de uma pessoa que estivesse lan-

çando um olhar ao passado: a forma que a música poderia assumir daí a trinta ou quarenta anos. Assim, poderia apresentar tanto o que o sujeito ouvia quanto a sua reação ao ouvi-lo...

— Sabe, Harry, acho que resolvi o problema.

— Como é, Duke?

— É só uma ideia — *ele respondeu, buscando um pedaço de papel no carro.*

O sol já assomava no horizonte, lançando os primeiros raios através das pestanas negras de árvores. Quando o céu ganhou uma tonalidade azul-dourada, o carro acelerou um pouco mais, como se estivesse atrasado para um encontro com o dia que nascia.

A América era um vendaval que lhe fustigava continuamente o rosto. Com América ele queria dizer América Branca — e com América Branca se referia a qualquer coisa que ele não aprovasse na América. O vento o açoitava com mais força do que a homens baixos; estes podiam pensar na América como uma brisa, mas ele a ouvia soprar com violência, até quando as folhas estavam imóveis e a bandeira americana pendia de edifícios como um xale salpicado de estrelas — mesmo então ele escutava sua violência. Sua reação consistia em gritar também, investir furioso contra ela, da mesma forma que a via investir contra si, dois leviatãs investindo um contra o outro numa estrada do tamanho de um continente.

Se pedalava pelas ruas de Greenwich Village, com a bicicleta ameaçando dobrar-se sob seu peso, o vento estava sempre de emboscada, atrás de cada esquina, como uma turba que lhe atirasse imundícies ao rosto — jornais, latas, embalagens de alimentos, poeira, um cardigã velho usado para limpar óleo. Ele travava longos debates com outros usuários das vias públicas, mantendo uma contínua troca de xingamentos, ao longo de quatro quadras, com o motorista de um utilitário em cujo espelho lateral ele batera com o ombro sem querer. Insultava qualquer pessoa que se metesse em seu caminho — e todo mundo se metia em seu caminho: caminhões, carros particulares e táxis, moças de bicicleta — para ele não fazia diferença, nada fazia diferença. Não só pessoas, como também buracos, carros estacionados, sinais de trânsito que demoravam a abrir.

Sua fúria nunca o abandonava. Mesmo quando ele se acalmava, a lâmpada piloto de seu furor continuava a piscar, mostrando que poderia entrar em erupção a qualquer instante. Mesmo quando estava sereno, alguma parte de sua cabeça gritava. Ele não sabia por que era como era, mas sabia que tinha de ser desse jeito e de nenhum outro. Sua fúria era uma forma de energia, parte do fogo que o consumia. Por isso ele crescia sem parar, para tentar acomodar tudo o que acontecia dentro dele — mas ele teria de ser do tamanho de um edifício para conter a si mesmo. Ele era como um país onde a temperatura muda de repente, com segundos de intervalo — só que tudo o que ocorre é de rachar: frio de rachar, calor de rachar, chuva de rachar, nevasca de rachar.

Seu corpo tinha uma meteorologia própria e mudava de forma em meses, pois ele ganhava 25 quilos num abrir e fechar de olhos e depois os perdia com a mesma rapidez. Às vezes ele estava gordo, às vezes apenas corpulento, mas em geral ele crescia, com seu corpo assumindo a forma de um pulôver velho.

Tentava dietas e comprimidos, mas, como rotina, engolia três ou quatro jantares por noite, cada qual com acompanhamentos e guarnições extras, cada um deles complementado com tigelas de sorvete. Não havia quantidade de sorvete que lhe bastasse — não importava qual fosse seu sabor ou em que tom estivesse. Certa vez perdeu quase vinte quilos com uma dieta e ninguém notou a menor diferença, foi como se alguém tirasse alguns volumes fininhos de uma biblioteca do tamanho de uma casa. Assim como a pessoa precisava achar seu som, tinha também de achar seu próprio tamanho, e a tradição decretava que, quanto maior, melhor. Seu peso nunca o tornou indolente; quanto mais engordava, mais enérgico se tornava, um saco sem fundo entupido de comida a ponto de rebentar.

Diziam que ele era uma coisa fora do comum — como se o comum fosse algo minúsculo e frágil, um paletó muito apertado, prestes a se romper a cada movimento seu.

Mingus, Mingus, Mingus — não um nome, e sim um verbo, nele até o pensamento era uma forma de ação, impulso interior.

Pouco a pouco ele começou a assumir o peso e as dimensões de seu instrumento. Ficou tão corpulento que o contrabaixo era um objeto que ele simplesmente pendurava no ombro como uma bolsa de material esportivo, quase sem notar o peso. Quanto maior ele ficava, menor se tornava o contrabaixo. Era capaz de obrigá-lo a fazer o que ele queria. Algumas pessoas tocavam contrabaixo como escultores, cinzelando notas num enorme bloco de pedra. Mingus o tocava como se estivesse em luta com ele, prendendo seu braço, agarrando-o pelo pescoço, beliscando as cordas como se estripasse um inimigo. Seus dedos tinham a força de um alicate. Havia quem alegasse tê-lo visto segurar um tijolo entre o polegar e o indicador e deixar duas leves depressões onde havia apertado. Logo em seguida era capaz de pinçar as cordas com a doçura de uma abelha pousando nas pétalas róseas de uma flor africana que medrasse num lugar onde ninguém nunca houvesse pisado. Se usava o arco, o som do contrabaixo lembrava o murmúrio de uma congregação de mil fiéis numa igreja.

Mingus fingus.

A música era somente uma parte do projeto, sempre em expansão, de ser Mingus. Cada gesto ou cada palavra do dia, por mais corriqueiros que fossem, estavam tão saturados dele como todo o resto: desde dar um laço no cadarço do sapato a compor "Meditations". O conjunto do homem e de sua música transparece no mais fugaz relance dele — como na foto de Hinton em que ele está lendo...

Mingus sentou-se. Para ele, sentar-se numa cadeira significava submetê-la a um esforço desnecessário, mas tudo em Mingus era excessivo. Pegou o *New York Times*, desdobrou-o bruscamente e abriu-o com a expressão "Que merda é essa?", que sempre reservava para os jornais. Leu com impaciência, segurando-o firme com as mãos, como se o estivesse agarrando pelas lapelas, captando umas linhas aqui e ali, depois se movendo para a frente e para trás, se detendo em certos trechos e depois saltando parágrafos inteiros antes de voltar a eles, de modo que lia um artigo de quatro ou cinco formas diferentes sem nunca lê-lo do modo adequado. A impressão que dava era a de alguém com dificuldade de leitura: a testa franzida, os lábios parecendo prestes a decifrar as palavras, como um ancião atento ao que lia. A cada vez que se movia, a cadeira dava um peido e guinchava. Com os olhos fixos na página, comeu uma rosca, quebrando-a ao meio com uma das mãos, pondo uma delas na boca como uma cobra devorando um passarinho e ajudando a deglutição com café, limpando pedacinhos da rosca caídos no jornal. Quando acabou de ler, atirou o jornal ao chão, como que enojado, como se não suportasse vê-lo um instante mais.

Ou outra foto dele, agora num restaurante, usando seu terno risca de giz de banqueiro, chapéu de feltro e óculos escuros: o barão Mingus. Logo depois da foto, ferrou no sono. Acordou quando a comida chegou e logo se pôs a falar aos garçons no falso sotaque inglês que aprendera com Bird:

— Eu lhe digo, meu velho...

Alternando isso com:

— Ei, ei, você aí... garçom!

Vendo um casal, na mesa ao lado, que o olhava com ar de censura, agarrou o filé com as mãos e cravou os dentes nele, arrancando nacos, mastigando-os com ruído — mmaah, nunnrrur, mmamahh —, como uma fera a roer a carne de um rato que acabasse de matar. E pronto a destroçar o lugar se alguém lhe dissesse uma só palavra.

Foi demitido da orquestra de Duke por perseguir Juan Tizol no palco com um machado de bombeiro e por quebrar ao meio a cadeira de Tizol, bem quando Duke estava preparando o arranjo de "Take the A Train". Sorrindo, Duke lhe perguntou depois por que não o avisara sobre o que estava para acontecer, para que ele introduzisse no arranjo alguns acordes que aludissem ao caso. Como Duke nunca demitia ninguém, convidou Mingus a se demitir.

Ninguém conseguia aturar Mingus, e Mingus se recusava a aturar qualquer pessoa ou qualquer coisa. Ele decidira que nada — absolutamente nada — poderia atrapalhar seu caminho, e por isso sua vida se tornou uma corrida de obstáculos. Se ele fosse um navio, o mar atrapalharia seu caminho. Quando ele compreendeu que seu comportamento era contraproducente, na verdade esse comportamento já dava resultados em seu benefício.

Para Mingus não existia incoerência: qualquer coisa que ele fizesse ou dissesse ganhava automaticamente solidez e coerência. Além disso, sua música se dedicava a abolir todas as distinções: entre o composto e o improvisado, o primitivismo e a sofisticação, a violência e a delicadeza, a beligerância e o lirismo. O predeterminado deveria ter a espontaneidade do reflexo. Ele queria fazer a música progredir levando-a de volta às raízes. A música mais voltada para o futuro seria aquela que mais se aprofundasse na tradição: a música dele.

Na juventude, orgulhara-se de seu conhecimento da teoria da música ocidental — até Roy Eldridge lhe dizer que ele não conhecia nada, pois não escutara nenhum solo de Coleman Hawkins, e menos ainda podia cantá-los. Ouvir essa lição foi o suficiente para ele se dar conta de que sabia disso desde sempre. Passou a desprezar os compositores que se esfalfavam com papel e lápis em suas mesas e abandonou por completo a notação musical.

— Ele não queria nada escrito, pois isso faria com que tudo ficasse estável demais. Em vez disso, tocava as várias partes no piano para nós, cantarolava as melodias, explicava a estrutura da peça e mostrava as escalas que podiam ser usadas, repetia tudo isso algumas vezes... cantarolando, cantando, batendo em qualquer coisa à mão... e aí deixava a gente fazer o que quisesse.

Só que tínhamos de querer exatamente o que ele queria.

No palco, gritava instruções, xingava o pessoal da seção rítmica, berrava "Parem, parem" no meio de uma música porque não estava gostando do jeito que a coisa ia, explicando para a plateia que Jaki Byard não tocava merda nenhuma e que estava sendo demitido naquele momento, recomeçando a música do início e recontratando o pianista meia hora depois.

Seu contrabaixo conduzia todo mundo como uma baioneta

nas costas de um prisioneiro. Ademais, o músico enfrentava uma torrente de instruções, bem como a ameaça, sempre presente, de agressão física. Não havia jeito de prever como um episódio acabaria: Sy Johnson levantou o olhar e viu Mingus largar o baixo e vir em sua direção, encostar a boca bem na sua e berrar que ele era um puto de um branco imprestável, golpeando o piano com os punhos como se estivesse montado em Johnson no chão e rebentando sua cara. O terror de Johnson se transformara em cólera, e ele começou a castigar o piano como se fosse o *rosto de Mingus*.

— Esse brancão aí sabe mesmo tocar essa coisa — gritou Mingus, rindo por cima da trovoada do piano. — Rá-rá.

Às vezes, ele demitia metade da orquestra numa noite. No mais das vezes, como as pessoas que se mudam do solo fértil de um vulcão, cansadas de tentar adivinhar quando se dará a próxima erupção, alguns músicos saíam por não suportar o dilúvio de ameaças e insultos. Outros ficavam com ele por saber que a criatividade e a fúria eram nele inseparáveis. Para produzir sua música, ele tinha de chegar a um grau de fúria em que não havia diferença entre provocação e reação. Na vida e na música, ele reagia ao que acontecia antes mesmo que acontecesse, sempre um pouquinho à frente do compasso. No entanto, saber disso e mesmo assim gostar dele não era proteção contra seu furor. Você poderia dedicar-se à música e ao bem-estar dele por vinte anos, e aí acontecer alguma coisa que o faria avançar contra você. Por não aprovar a forma como Jimmy Knepper estava solando, ele foi em sua direção, deu-lhe um murro no estômago e saiu do palco. Knepper revidou até que Mingus o socou de novo, quebrando-lhe alguns dentes e acabando com sua embocadura. Quando isso aconteceu, Knepper achou que já tinha aguentado demais, largou a orquestra e processou Mingus. No tribunal, ao ouvir seu advogado defini-lo como um músico de jazz, Mingus o mandou calar-se com um gesto — exatamente como se o homem estivesse no tablado e não tocasse como Mingus queria:

— Não me chame de músico de jazz. Para mim, a palavra "jazz" quer dizer crioulo, discriminação, cidadãos de segunda classe e todo o lance de ficar no fundo do ônibus.

No banco das testemunhas, Knepper balançou a cabeça, já sentindo saudade dele.

Pela via da intimidação, ele impôs seu som a todos os instrumentos. Miles e Coltrane procuravam músicos cujo som complementasse o deles: já Mingus procurava músicos que proporcionassem uma versão dele em vários instrumentos. Sempre insatisfeito com seus bateristas, ele acabara de passar uma descompostura pública em seu percussionista quando conheceu Dannie Richmond, um moleque de vinte anos que só aos dezenove tinha começado a tocar bateria. Mingus o obrigou a tocar precisamente o que queria ouvir, moldando-o à sua imagem.

— Não toque essa merda elegante, cara, esse é meu solo.

Dannie ficou com ele vinte anos, durante os quais só pôde encontrar sua identidade musical subordinando-a à de Mingus. Quanto mais Mingus engordava, mais Dannie emagrecia — como se até seu metabolismo devesse manter-se em equilíbrio com o de Mingus.

— Tocar com ele... Havia ocasiões em que a gente se apavorava, mas havia outras ocasiões em que tocávamos com um prazer que nunca tínhamos sentido com outra pessoa, achando que a gente não era bem uma orquestra, e sim uma boiada que tivesse estourado, enquanto os gritos de insulto de Mingus se transformavam em exclamações de incentivo:

— Vamos lá, vamos lá, vamos lá — sua voz estalava como um chicote no dorso dos cavalos:

— Iááá, iááá, iááá.

Quando a música atingia o auge da intensidade, um nível de pressão maior ainda que aquela que estava dentro dele, um ímpeto tão premente que nada podia interpor-se em seu caminho e todos davam a impressão de agarrar-se àquilo com unhas e dentes — era então que ele dava gritos de estímulo e de alegria por cima da música, incentivando-a para que pudesse melhor sentir a paz do olho do furacão, invectivando e vociferando como Frankenstein, em êxtase e espantado com o monstro que criara, deliciado com a ideia de que a impetuosidade estava quase fora de seu controle. Mingus feliz — nada podia superar a emoção, o barato daquilo. A toda a velocidade, a orquestra fazia pensar em guepardos velozes, guepardos perseguidos por um elefante que parecia capaz de esmagá-los sob as patas.

Sua música era tão transbordante de vida, tão cheia do ruído da cidade que, passados trinta anos, alguém que escutasse "Pithecanthropus Erectus", "Hog-calling Blues" ou alguma outra dessas peças do tipo rolo compressor não saberia dizer com certeza se o lamento e o grito eram de um instrumento de sopro na gravação ou da sirene vermelha e azul de uma radiopatrulha que passasse sob a janela. O simples ato de ouvir a música seria uma forma de participar dela, enriquecê-la.

— Ele xingava e ameaçava a nós, da orquestra, mas isso não era nada em comparação com a forma como ele se dirigia às plateias, brigando com as pessoas por conversar enquanto ele estava tocando e daí passando a fazer arengas de meia hora, intermináveis, quando recriminava todo mundo à vista, as palavras saindo com o sotaque nasal do Sul, mas a 150 quilômetros por hora, e isso aos berros. Ele chegava ao final de uma frase antes que as pessoas percebessem que não tinham captado as primeiras palavras e, quando entendiam o que estava dizendo, ele já estava atacando outras pessoas: os donos de casas noturnas, agentes, gravadoras, críticos. Pense em qualquer coisa, no que quiser... ele era contra.

Sua música se aproximava dos gritos de escravos nas plantações e sua fala se aproximava do caos primordial do pensamento. Fluxo de consciência falado. Seu pensamento era o exato oposto da concentração, que implica quietude, silêncio, longos períodos de intensa absorção; ele preferia mover-se muito depressa, percorrendo muito terreno. Para ele, pensar consistia em estabelecer uma fieira de similaridades: *é como, o mesmo que...*

Algumas pessoas iam em parte para ouvi-lo e em parte na esperança de assistir a uma de suas diatribes. A maioria era tomada de perplexidade, e quem lhe respondesse corria o risco de perder os dentes. Um bêbado pediu repetidamente uma música que Mingus não gostava de tocar. Por fim, ele meteu o baixo na cara do sujeito.

— Toque você.

Conhecer Roland Kirk foi como encontrar um irmão de quem tivesse sido separado no berço. Kirk parecia uma enciclopédia de música negra: contudo, não armazenava toda essa informação na cabeça, e sim no corpo, não como saber, mas como emoção. Havia quase abolido o pensamento e elevado a emoção ao nível de inteligência ativa. Eram os sonhos que o orientavam: foi num sonho que, pela primeira vez, se viu tocando três saxofones ao mesmo tempo; foi um sonho que lhe disse que passasse a se chamar Rahsaan.

Kirk era como Mingus: tudo o que tocava trazia o brado, o grito que é o coração pulsante da música negra, o grito de tristeza, de esperança, de desafio, de dor. Trazia ainda uma saudação, algo que você gritava a amigos e irmãos para avisar que estava a caminho. O jazz podia mudar de diversas formas, mas esse grito tinha de estar sempre presente. Se a questão da música modal fosse eliminada, lá estava o suingue, atrás do suingue o blues, e atrás do blues, o brado, o grito dos escravos no campo.

Quando conheceu Kirk, Mingus levou o cego numa viagem de carro, dobrando esquinas em alta velocidade, sem desviar de buracos, metendo a mão na buzina e levantando cortinas de água das poças junto ao meio-fio, tudo isso para que Kirk sentisse o percurso que não podia ver, dirigindo com o vidro das janelas abaixado, de modo que ele escutasse o som úmido da pista molhada, o guincho periódico dos limpadores do para-brisa, os gritos das buzinas, que lembravam os de aves marinhas. Por cima de todos esses ruídos (mesmo quando uma tentativa de cavalo de pau fez o carro ficar atravessado na pista, em meio ao tráfego denso, por nada menos que três minutos), Mingus não interrompeu um monólogo de perguntas, opiniões e afirmações, só parando para lançar jorros de invectivas a outros motoristas e ciclistas.

— Está dirigindo essa droga ou quer esculhambar com a merda?

A intervalos de segundos Kirk assentia com a cabeça, entusiasmado, tocando no braço de Mingus, batendo no ombro dele para manifestar seu apoio, rindo. De manhã, Kirk sentou-se diante dele numa lanchonete, assombrado com sua capacidade de comer: durante a viagem, tinham parado em outros dois restaurantes, e em ambos Mingus ingerira quantidades incríveis de comida e bebida. Assim que chegou à lanchonete, devorou uma pilha de panquecas de mirtilo com creme e agora atacava pratos de ovos, salsichas, bacon e purê de batata, enfiando o garfo no purê como se as batatas ainda estivessem debaixo da terra e tivessem de ser arrancadas dali.

— Você gosta de batata, hem, cara?

— Nem tanto — disse Mingus, com a boca tão cheia de comida que as palavras praticamente tiveram de abrir um túnel para sair.

— Mas gosta, não é?

— É, eu gosto.

— E de ovos também.

— É, ovo também é muito bom... Ei, ei, garçom, um pouco mais de café aqui. Você quer mais, cara?

— Quero, vou tomar um pouco mais.

Enquanto o garçom despejava café nas canecas, Mingus olhou para os óculos escuros de Kirk. Até que ponto o cego poderia vir a conhecê-lo por meio de sua voz, pelo peso e pelo som de seus movimentos?

— Muito bom, o café — disse Kirk.

— É, sim.

— Bom, bom. Sabia que qualquer dia desses a Lua pode se chocar com a Terra?

— Onde você ouviu isso?

— Não lembro bem. Não tenho nem certeza de que ouvi.

— Besteira, cara — Mingus riu, com a boca cheia de torrada.

— Como é que é um ovo, Mingus?

— Um ovo?

— É, me diga como é um ovo.

— Quantos anos você tinha quando perdeu a vista?

— Dois.

— Você chegou a ver o sol?
— É, devo ter visto. Eu me lembro do sol.
— Um ovo é assim, parecido com o sol. Amarelo, brilhante e com nuvens ao redor.
— Parecido com o sol, é? Maneira interessante de explicar, cara. De olhos fechados, as pessoas podem escutar o sol, fechando bem os olhos. Às vezes eu tento fazer um som de sol no tenor, ou da lua também. Nunca fui muito ligado à lua como fui ligado ao sol, ou até com as nuvens.

Antes mesmo que Kirk entendesse direito o que eram as cores, elas tinham começado a esmaecer. Havia noites em que ele sonhava que via os galhos das árvores abrindo-se em leque contra um céu azul e fosco, ou um cachorro atravessando uma área em direção a uma paisagem de casas e campos. Eram coisas que ele nunca tinha visto ou que, pelo menos, não se lembrava de ter visto. Nunca sonhava com o mar, mas fazia uma imagem mental de como era. Já escutara o barulho do mar e sentira seu cheiro. A partir desses dados, formara o quadro de uma massa aquática que enchia as enormes crateras e fossas do planeta. Sentia o som como uma força que impulsionava a água para a praia e a fazia retroceder. Havia algo de análogo nos hinos que ouvira em criança, um vasto vagalhão sonoro que passava pela congregação.

As estações também tinham sons. Quando nevava, todo som ficava abafado, o chão chiava e gemia sob os pés; nos dias de sol, tudo soava claro e azul; nas noites de outono, o que ele ouvia era cercado por um halo de névoa. Na cidade havia o trovão do trânsito, o som constante de buzinas, de gritos, de vapor sibilando em respiradouros de rua. O silêncio era um certo mínimo de som necessário para cobrir os outros ruídos.

Nos óculos de Kirk, Mingus via o reflexo de seu rosto mastigando. Queria que a música fosse como o sol para um cego, ou como uma refeição devorada quando se tem fome, algo imediato e instintivo, básico. E havia também outra coisa — algo de que Kirk o fizera ter certeza absoluta. Tinha de existir outro som que também devia ter sido ouvido nas plantações, um som que se ouvia em todo lugar onde se trabalhava, por piores que fossem as condições: o de homens rindo juntos.

Ele deixou Kirk e voltou para seu apartamento, onde encontrou um cenário caótico: uma janela aberta criava um tornado de papéis pela sala. Onde quer que morasse, acumulava coisas como seu corpo acumulava peso. Se entrava numa loja e via algo de que gostasse, não importava o que fosse, comprava-o em quantidade suficiente para encher uma prateleira. Por fim, quando se sentia sitiado pela balbúrdia — coisas inúteis compradas por via das dúvidas, anotações esparsas e projetos abandonados —, arquivava toda aquela bagunça onde não a visse, pegando em braçadas papéis e enfiando-os numa gaveta, como se alimentasse uma fornalha com lenha, ou despejando-os no canto da casa como se fosse lixo num aterro sanitário.

Sua cabeça era uma gaveta entulhada dos detritos de intenções e de fragmentos de coisas ainda por vir à tona. Longas composições recebiam as sobras de composições anteriores e, cada vez mais, ele se encaminhava para uma peça única que englobasse tudo o que já escrevera até então. E havia ainda as fantasias sexuais de sua autobiografia, que era menos um livro que uma imensa gaveta que ele abarrotara com centenas de páginas de anotações a serem selecionadas, editadas e ordenadas algum dia, uma compostagem de prosa. A intervalos de poucas semanas, enfiava ali mais capítulos, deixando tudo aquilo a fermentar por si só e a reduzir-se a proporções viáveis. Ouvi-lo era como ler um livro impresso com chumbo meio derretido, com pontos finais deslizando para o meio de uma oração e palavras resvalando umas para dentro das outras. Era por isso que seu livro estava se convertendo naquela mixórdia: ele jamais conseguia prender suas palavras na página.

Acreditava ser possível dizer tudo com música, mas o que queria dizer não tinha fim. Invectivava as plateias, disparava cartas — a revistas de jazz, ao Departamento do Trabalho dos Estados Unidos, a Malcolm X, ao FBI, ao presidente Charles de Gaulle — e enviava bilhetes ameaçadores a críticos: "Ninguém sabe cantar meus blues a não ser eu, da mesma forma que ninguém poderá gritar por você se eu decidir dar-lhe um murro na boca. Por isso, não se aproxime nunca de mim na vida".

Num programa de TV, Mingus exigiu que uma comissão do Senado investigasse os motivos por que tantos músicos negros acabavam indigentes. Afirmou que gângsteres queriam pegá-lo e avisou a outros que amigos dele, ligados ao crime organizado, os matariam. Dizia o que bem queria, pois não tinha rabo preso, não falava nada baixinho. As pessoas perguntavam (baixinho): afinal, quem ele pensa que é? Essa era uma pergunta fácil de responder: ele pensava que era Charles Mingus. Charles Mingus, primeiro e único.

Lutava em todas as frentes que podia para se desenredar das garras da empresa holding chamada Estados Unidos. Queria ser o proprietário dos meios de produção, de sua produção. Criou sua própria gravadora e organizou uma alternativa rebelde ao festival de Newport oficial, dirigindo pela cidade com um alto-falante portátil, fazendo campanha para que as pessoas fossem a seu festival, como se lhes dissesse votem em Mingus, votem em Mingus. Queria ser o dono de sua própria casa noturna; de um salão de baile onde pudesse tocar música de dança; de uma escola de música, de arte e de ginástica. Nada, jamais, era suficiente.

Convicto de que estava sendo espoliado no processo comercial, decidiu só distribuir seus discos por reembolso postal — e ele próprio quase acabou processado por fraude: os clientes remetiam cheques, esperavam os discos que nunca chegavam, e depois escreviam perguntando o que estava havendo — e com isso aumentavam o caos na Charles Mingus Enterprises. Ele não nascera para ser empresário: era o tipo de homem que, ao estender a mão para o telefone, derrubava dentro de uma gaveta um copo de café que estava na beira da mesa, inutilizando todos os documentos da gaveta. E não ficava nisso: a primeira coisa que vários clientes ouviam ao ligar não era uma voz afável dizendo "Bom dia, em que posso ajudá-lo?", e sim Mingus berrando "Merda!". Conversar ao telefone despertava nele a compulsão de comer, de modo que Mingus fazia negócios em meio a uma verdadeira comezaina: levava a mão sem parar a um saco de batatas fritas, metia mais algumas na boca já cheia, o fone se enchia de farelos e a conversa, como a má recepção de um rádio, muitas vezes se perdia em mastigações ruidosas. De qualquer modo, a essência do que ele dizia estava mais do que clara. Para Mingus, negociar equivalia a gritar "Seu branco cretino, seu salafrário, é melhor ter cuidado porque posso ir aí e te encher de porrada" antes de quebrar o fone ao batê-lo com toda a força. Daí a segundos levantava-o de novo e, ao escutar um chiado moribundo em vez do sinal de chamada que desejava, atirava o aparelho inteiro numa parede, grunhindo de momentânea satisfação.

Destruía coisas com a mesma rapidez com que as acumulava. Por toda a Nova York espalhavam-se restos de coisas que ele tinha quebrado, agora mais valorizadas por terem sido escangalhadas por ele. Certa noite, no Vanguard, Mingus exigiu de Max Gordon pagamento imediato. Como não havia dinheiro vivo na casa, tudo o que pôde fazer foi ameaçá-lo com uma faca e quebrar garrafas no chão, como faria um policial do tempo da Lei Seca diante de um carregamento de bebida contrabandeada. Buscando outra coisa para quebrar, arrebentou uma luminária com o punho. A luminária ficou ali do jeito que ele a deixou, e passou a ser a "lâmpada de Mingus", atraindo a atenção dos turistas. Era um Midas da devastação: tudo o que destruía virava lenda.

Na Alemanha, foi tomado de um frenesi, rebentando portas, microfones, equipamentos de gravação e câmeras, tanto em hotéis quanto em salas de concerto — um protesto contra a hospitalidade nazista que, de acordo com ele, tocaiava a orquestra onde quer que ela tocasse. Mingus e o resto da orquestra voltaram para casa, mas Eric Dolphy ficou para fazer algumas apresentações sozinho. Quando morreu, em Berlim, cercado de pessoas que nem sequer sabiam quem ele era, para Mingus foi como se todas as crueldades e injustiças na história da música tivessem se voltado contra o doce e amável Eric. O jazz era uma maldição, uma ameaça que pairava sobre todos os seus praticantes. Mingus havia escrito "So Long, Eric", como uma despedida, e agora a composição se tornara um réquiem.

Ele tinha sentido necessidade de Eric. Seu som era tão ousado, tão além de qualquer coisa que se esperava, que o próprio Mingus se acalmava. Mingus podia também fazer música ousada e livre, mas entendia que os jovens que faziam o barulho e os guinchos da vanguarda não tinham nem mesmo se dado ao trabalho de aprender a tocar seus instrumentos. Durante um breve período, ele se enrolara com algum projeto voluntário de invenção, ligado ao LSD, de Timothy Leary, e o que dissera a Leary se aplicava igualmente a todos os mercadores da barulheira, da música nova.

— Não se pode improvisar em cima do nada, cara — protestava, olhando com desaprovação o pandemônio a seu redor. — É preciso improvisar em cima de alguma coisa.

Na melhor das hipóteses, o free jazz era um desvio que poderia até ser útil a longo prazo: depois de algum tempo, as pessoas veriam que aquilo era um beco sem saída e talvez entendessem que o único caminho real para a frente era fazer a música suingar ainda mais. Podia-se apostar: dentro de vinte anos, quando tivessem se livrado de todos os guinchos, gente como Shepp voltaria a tocar os blues.

As pessoas achavam que Dolphy era de vanguarda, experimentalista, porém Mingus o ouvia chorar como se tentasse alcançar todos os escravos mortos. Mingus sempre soubera que o blues era isto: música tocada para os mortos, chamando-os de volta, mostrando-lhes o caminho de volta à vida. Agora se dava conta de que parte do blues era o oposto disso: o desejo do próprio músico de estar morto, um meio de ajudar os vivos a achar os mortos. Seu grito era agora um chamado a Eric, perguntando-lhe o caminho, perguntando-lhe onde ele estava. Seus solos se tornaram mais arrastados, como se reproduzissem os movimentos da pá do coveiro, vergado pelo peso da terra úmida.

Uma vez, no intervalo entre dois blocos, ele e Bird tinham trocado ideias sobre a reencarnação.

— Talvez você tenha razão, Mingus. Vamos conversar sobre isso no palco — disse Bird, pegando o sax e saindo para o palco. Ele e Eric tinham feito o mesmo: conversar no palco, com os dois saxofones, o alto e o baixo, expondo ideias, ressalvando e discordando um do outro. Agora ele chamava Eric, mas não recebia resposta. Sabia que Eric o ouvia, mas não tocava de volta. Isso levaria tempo. Era como acontece quando um filho aos poucos vai ficando parecido com o pai; só depois da morte do pai é que seu espírito se revela em cada gesto do filho. Assim, passaria algum tempo antes que a tradição absorvesse o espírito e os gestos de Dolphy, de modo que, quando um músico tocasse de certa maneira o clarinete baixo ou o sax alto, seria como se o instrumento fosse um médium através de quem os mortos pudessem cantar, por meio de quem Eric pudesse falar. Podia-se ouvir Bird, Hawk e Lester Young em toda parte; nunca se escutaria Eric tanto assim, mas sempre alguém estaria a chamá-lo, em algum lugar, e se o chamassem bem alto ele responderia, faria ouvir sua voz.

Eric Eric Eric.

E, quando o próprio Mingus morresse, não seria preciso gritar para ouvi-lo, bastaria pegar o contrabaixo e ele estaria presente ali na sala: nós o ouviríamos em Dyani, Hopkins e Haden, da mesma forma como, através dele, ouvíamos Pettiford e Blanton.

Por isso, ele deu ao filho o nome de Eric Dolphy Mingus, não *in memoriam*, mas como uma preparação.

Para tocar numa temporada no 5-Spot, ele vestia um pulôver velho com buracos nos cotovelos e calças rasgadas, parecendo um lavrador pobre e maltrapilho — roupas que se destinavam a envergonhar os brancos de smoking que iam lá para ouvir sua música. Estava tocando "Meditations", numa tentativa de alcançar Eric, conversar com ele, mas em vez de ouvir o amigo só escutava a voz tilintante, de copo com gelo, de uma mulher sentada à direita do palco, falando tão alto que parecia esquecida de onde estava, que dirá de quem ocupava o palco e do que estava tocando. O mau gênio dele estava sempre uma fração de segundo adiante do que ele percebia estar fazendo. Quando se deu conta de que gritava com ela, já tinha derrubado sua mesa com um chute. Quando a mesa caiu no chão, ele já se retirava. Quando os cacos de vidro pararam de se espalhar, ele a ouviu gritando alguma coisa às suas costas. No bar, a voz de um bêbado se somou à confusão, com o timbre de um abutre capaz de falar.

— Isso não foi bonito, Charlie, nada bonito.

Por um momento, ele cogitou bater a cabeça do sujeito no balcão até ela estourar como um saco de açúcar, mas sempre que a ideia lhe ocorria assim, antes do fato, nada acontecia — ou acontecia outra coisa, tão súbita que até ele era apanhado desprevenido. Ele estava segurando o contrabaixo pelo braço, olhando para a plateia com raiva, fazendo um apelo emocional. Virou-se para um cliente que mais tarde declarou que, ao ser encarado daquele jeito, viu toda a vida de Mingus correr por seus olhos. Por um segundo, ele soube com exatidão o que era ser Mingus: o peso de tudo, por que ele não conseguia relevar os agravos ou fugir deles, a razão de ele estar sempre inteiramente à mercê de suas emoções.

Mingus bateu o contrabaixo com força na parede. Ouviu-se um estalo forte e agudo, um eco sonoro das cordas, e ele ficou segurando o braço do instrumento, ainda ligado pelas quatro cordas à caixa de ressonância. Mingus saiu andando em cima dele, e com isso o contrabaixo parecia o fantoche de uma tartaruga que estalava, se estilhaçava e se dividia sob seu peso, como um mar de madeira envernizada. Soltou o braço do contrabaixo de suas mãos, com todos em silêncio, a não ser o bêbado, que exclamava:

— Sensacional, Charlie, sen-sa-ci-o-nal.

Ele olhou para o sujeito de novo, sem intenção alguma de agredi-lo. Sua cólera se abatera, tornara-se transparente e sem esperança como água vazando numa pia. Saiu para a rua, arrastando consigo o silêncio da casa.

No Hospital Bellevue, os cheiros foram as primeiras coisas que ele notou: a limpeza asséptica de tudo, como num banheiro, depois a luz branca dos azulejos e das paredes. Depois o som, o ruído cintilante de utensílios limpos, o chiado das rodas de carrinhos se movendo pelos longos corredores dos insanos e, à noite, os gritos. Durante toda a noite, havia sempre alguém gritando; mesmo quando dormia, Mingus ouvia os gritos estridentes em seus sonhos, uma visão infernal do lugar que se intitulava "Belavista". De manhã retornava o silêncio ao hospital movimentado, e ninguém falava dos gritos noturnos, que ficavam de emboscada, à espera do fim de cada dia. Sedado, com sua raiva aplacada pela medicação, a calma estendida sobre ele como uma manta, ele, deitado no leito, observava o teto, cujas luzes semelhavam planetas num céu branco.

Ele subjugava o contrabaixo, mas não podia conquistá-lo. Às vezes, passava o braço em torno dele como um velho amigo. Em outras ocasiões, o instrumento começava a parecer gigantesco, e ele o arrastava como se fosse um saco de pedras, quase demais para as suas forças, quase o esmagando. Se não praticasse continuamente, as cordas lhe cortavam os dedos. E havia mais: agora a rigidez de seus dedos não melhorava nunca, e em certos dias ele os sentia não só endurecidos, como, além disso, dormentes. Os artelhos também. Havia dias em que lhe era difícil fazer qualquer movimento com as mãos, e ele sentia a dormência subir aos poucos pelos braços rumo aos ombros, um processo tão gradual que ele se persuadiu de que tinha cessado.

No Central Park, um crepúsculo, listrado como bacon, avermelhava o chão congelado. Olhando para o gelo que comprimia o centro ainda tépido do laguinho, Mingus entendeu que estava ficando paralítico. O movimento do jazz era centrífugo, como o do flamenco — ele se dera conta disso anos antes, em Tijuana. Era sentido como uma pulsação contínua que fugia do corpo, movendo-se do coração para o exterior, deixando em seu rasto sapateios e estalar de dedos, que registravam, como folhas ao vento, a intensidade desse movimento. A paralisia era exatamente a negação ou a contradição dessa dinâmica do jazz: começava nas extremidades, nos dedos das mãos e dos pés, e seguia em direção ao centro, rumo ao coração, apagando todos os vestígios de seu avanço.

Tornava-se cada vez mais difícil encontrar as notas no contrabaixo — ele sabia onde estavam, porém não conseguia fazer com que os dedos as beliscassem. Cada vez mais recorria ao piano, mas não tardou que os dedos endurecessem demais para o teclado. À medida que ficava impossível tocar, também era mais difícil compor. Ele não era como Miles, que ouvia a música e simplesmente a transferia da cabeça para os instrumentos. Mingus não ouvia a música antes de começar a compô-la. Compor era apenas tocar calmamente, sem plateia, mas para compor ele tinha de tocar, o que estava ficando impossível. A música de Mingus era somente Mingus, o movimento da música era simplesmente seu próprio movimento, e com a perda de sua mobilidade a música começou a perder ímpeto, tornando-se pesadona e imóvel — um substantivo.

Ele levantou o fone, devagar, como alguém que erguesse um halter para desenvolver os bíceps. Era Kirk, Rahsaan, a primeira vez que Mingus tinha notícias dele em mais de um ano. Logo depois de terem se falado pela última vez, Kirk sofrera um derrame que deixara um lado de seu corpo paralisado. Os médicos disseram que ele nunca mais voltaria a tocar. No início, ele nem andava; depois que aprendeu a andar, dedicou-se a subir escadas; quando passou a subir e descer por elas, tentou tocar sax de novo. Precisou de seis meses para recuperar as forças, mas agora, como disse a Mingus, estava tocando de novo. Embora um lado do corpo ainda continuasse paralisado.

— Cara, como é que você toca se a metade de seu corpo está paralisada?
— Ainda tenho um braço, não tenho? Rá-rá.
— Você toca saxofone com um braço só?
— Se tocava três com dois, um com um não é tão difícil... E você aí, Mingus, como vai?
— É. Estou aqui, cara — respondeu, com uma ameaça de lágrimas.
— Vou tocar na cidade na semana que vem. Passe lá.
— Cara, vou fazer isso.

De seu lugar no bar, viu Kirk ser levado para o palco, como sempre de chapéu, roupas malucas e enfeitado com guizos. Falando e dando risadas, reconhecendo as pessoas pelo som da voz. Preparou tudo e aí começou a soprar, soprar e soprar — um braço correndo para cima e para baixo pelas chaves, como um esquilo, e o outro frouxo, pendendo junto ao corpo como um objeto inútil —, batalhando e arquejando como se tentasse acuar a própria morte. Cego, com a metade do corpo paralisada, a outra metade mal conseguindo manter-se de pé, mal conseguindo conter a energia que fluía dele, transbordando do palco e enchendo a casa. No fim de seus solos, derreou-se numa cadeira, ofegando como um pugilista entre dois assaltos, a cabeça caindo de lado devido aos golpes que sofrera, dobrando os dedos da mão funcional até senti-los fortes para tocar de novo. Um cego que se erguera dos mortos. Olhando-o, Mingus sentiu o gelo vermelho de seu sangue formigar nas mãos entorpecidas.

Quando não podia controlar os dedos o bastante para tocar piano, ele cantava diante de um gravador. Antes, os discos que gravava mofavam anos nos depósitos das fábricas até serem distribuídos. Agora, as fábricas ansiavam por tudo o que ele fazia, e às vezes bastava o germe de uma ideia. Vários fragmentos de composições se espalhavam por sua casa, e no futuro, como no caso de um escritor famoso que, ao morrer, deixa um livro inacabado, alguém tentaria usar essas notas e escrever romances inteiros a partir delas. Durante muito tempo, nenhuma editora se interessara por sua autobiografia, mas nos anos seguintes saíram à caça das páginas que o tinham feito jogar fora e que agora faziam falta. Até fitas em que ele boquejava impertinências e desaforos seriam reprocessadas e distribuídas em disco. Em bares e casas noturnas, havia quem se gabasse de que um dia Mingus o pusera para fora aos gritos, de que ele o atirara escada abaixo ou rebentara a porta de sua casa. E ele confirmava tudo.

Sua reação ao ficar em primeiro lugar numa pesquisa para apontar o melhor baixista do jazz foi perguntar-se por que não lhe tinham dado o título quando era jovem, quando era o diabo em figura de gente. Pensando no que poderia ter feito com o dinheiro se tivesse sido prudente e colhido os frutos de trabalhar como músico de estúdio, disse que gostaria de ter uma casa sobre rodas. Sua vida fora uma roda-viva, e agora, preso a uma cadeira de rodas, queria uma casa com rodas.

Até falar estava ficando difícil. Sua língua tinha murchado que nem o pinto de um velho. Articular as palavras era o mesmo que falar com a boca cheia de algodão. Seu corpo vinha se tornando uma masmorra, uma enxovia cujas paredes se moviam ininterruptamente para dentro. Alguém disse que a impetuosidade de Mingus o matara, mas a impetuosidade também o estava mantendo vivo.

Um concerto festivo se realizou na Casa Branca, com a participação de estrelas do jazz, um reconhecimento oficial à enorme contribuição que o jazz dera à cultura americana e ao mundo. Um evento tolo que foi também um grande evento. Todo mundo estava lá — não Bird, nem Eric, nem Bud, mas todos os que ainda viviam estavam lá. Ele foi levado numa cadeira de rodas, incapaz de mover os braços e as pernas, aprisionado dentro de si mesmo. Quando foi pedida uma salva de palmas para o maior compositor vivo do jazz e todos ficaram de pé para lhe fazer uma ovação, ele sucumbiu, com lágrimas correndo pelo rosto e soluços lhe convulsionando o corpo, enquanto o presidente corria para confortá-lo.

Ele viajou ao México, esperando que o sol o degelasse, derretesse o gelo que lhe prendia o sangue. Sentava-se ao sol, cercado pelo calor feroz do deserto, o rosto sombreado pela aba de um enorme *sombrero*. Seu corpo se tornara tão imóvel que ele mal percebia que respirava. Nada se movia. O sol, de cobre, era um prato de bateria que não se mexia. Manteve-se no mesmo lugar durante três dias, num céu inalterável, sem nenhum vento, sem que um grão de areia rolasse.

Quando já se achava fraquíssimo, viu uma ave que planava bem alto no céu, com as asas absolutamente imóveis. A sombra da ave caiu em seu peito. Reunindo toda a energia que lhe restava, ele achou forças para acarinhá-la, para eriçar-lhe as penas.

O dia já ia claro quando finalmente pararam para o café da manhã. Meio enrijecidos depois de tantas horas no carro, andaram desajeitadamente para a lanchonete, e a porta bateu atrás deles. O lugar já estava lotado e cheio de ruídos de caminhoneiros, ocupados demais em mastigar para notarem a entrada de Ellington com seu surrado pulôver azul e a calça amassada. O sol da manhã entrava aos borbotões pelas janelas.

 Com um bocejo, Duke pediu a refeição que só Deus saberia dizer por quanto tempo o vinha sustentando: um filé, grapefruit, café. Harry pediu ovos e ficou olhando para Duke, que mexia lentamente o café: havia um ar de sono em tudo o que ele fazia, mas era a sonolência de quem acaba de acordar, nunca a de quem quer dormir. As bolsas sob os olhos sugeriam um atraso de sono que, com certeza, exigiria dez anos para ser recuperado. No entanto, em vez de saldar o débito de sono, só fazia com que aumentasse, já que, noite após noite, não pregava o olho mais que quatro ou cinco horas. Talvez fosse a fadiga coletiva dos músicos que mantinha unido o núcleo da orquestra: passado algum tempo, o cansaço extremo se *torna um vício, a pessoa depende dele para ir em frente. Havia sempre alguém dizendo a Duke que maneirasse, que descansasse e relaxasse — eram bons conselhos, mas como poderia descansar e relaxar?*

Comeram em silêncio e, assim que terminou, Duke atacou sua sobremesa: dezenas de comprimidos de vitaminas tomados com água.

— Pronto, Harry?
— Acho que sim. Vamos pedir a conta.

Ambos olharam em torno, procurando a garçonete, já ansiosos por voltar ao carro.

Sentado na beira da cama, ele tocava baixinho, debruçado sobre o trompete como um cientista olhando num microscópio. Vestia apenas uma cueca e marcava com o pé um ritmo lento como um relógio numa casa velha, o pavilhão do trompete quase encostado no chão. Ela colou o rosto no pescoço dele, passou o braço ao redor de seus ombros, correu a mão pela curva suave de sua espinha, como se as notas que ele produzia fossem determinadas pelos desenhos que os dedos dela traçavam em sua pele, como se ele e o trompete fossem um único instrumento do qual sua mão extraía sons. Os dedos subiram novamente pelas vértebras, uma a uma, até chegar aos pelos cortados à navalha na base da nuca.

Quando ela começou a ouvir os discos dele, achou que seu som era tão débil e suave que parecia quase feminino, discreto a ponto de seus solos acabarem antes que ela sequer notasse que tinham começado. Só após se tornarem amantes foi que ela pôde compreender o que tornava seu toque especial. No começo, quando ele tocava assim, depois do sexo, e ela se deixava levar à margem do sono, pensava que ele tocava para ela. Depois se deu conta de que ele nunca tocava para ninguém além dele mesmo. Foi ouvindo-o assim, deitada com as pernas separadas, sentindo o sêmen frio escorrer dela, que entendeu, de repente e sem razão aparente, a origem da doçura de sua música: ele só tocava com tanta doçura porque nunca conhecera doçura real na vida. Tudo o que ele tocava era uma intuição. E deitada ali, notando os vales e as dunas formadas nos lençóis amarrotados, umedecidos por um leve orvalho de suor, ela percebeu o quanto estivera enganada ao supor que ele tocava para si mesmo: ele não tocava nem para si mesmo — ele só tocava. Ele era o oposto exato de seu amigo Art, que punha tudo de si em cada nota: Chet não punha nada de si em sua música, e era isso que lhe conferia tanta pungência. A música que ele tocava sentia-se abandonada por ele. Chet tocava as velhas baladas e os standards com uma longa série de carícias que não levavam a parte alguma e desaguavam no nada.

Era assim que ele sempre tinha tocado e sempre tocaria. Acenava um adeus para cada nota que tocava. Às vezes, nem mesmo acenava. Aquelas velhas canções estavam habituadas a ser amadas e desejadas por quem as tocava. Os músicos as afagavam e as faziam se sentirem viçosas, novíssimas. Com Chet, as canções se sentiam menosprezadas. Quando ele tocava uma canção, ela precisava ser consolada: não era seu modo de tocar que estava carregado de sentimento, era a própria canção, porque se sentia ferida. Sentia-se que cada nota tentava ficar um pouco mais com ele, suplicando por isso. A própria canção gritava para quem se dispusesse a ouvir: por favor, por favor, por favor.

E quem as ouvia captava não só a beleza, como também a sabedoria que essas canções encerravam. Reunidas, eram como um livro, um guia para se chegar ao coração: "Every Time We Say Goodbye", "I Can't Believe You're in Love With Me", "The Way You Look Tonight", "You Go to My Head", "I Fall in Love Too Easily", "There Will Never Be Another You". Estava tudo ali, e nem todos os romances do mundo seriam capazes de dizer mais sobre homens e mulheres e sobre os momentos que fulgiam entre eles como estrelas.

Outros músicos procuravam nas velhas canções uma frase ou uma melodia que pudessem elaborar e transformar, ou usavam seu instrumento para penetrar, cantando, na canção. No caso de Chet, a canção fazia tudo sozinha; a ele só cabia trazer à tona a ternura machucada, presente em todas as velhas canções.

Era por isso que ele nunca tocava o blues. E mesmo quando o fazia, o que se ouvia não era realmente o blues, porque ele não tinha nenhuma necessidade da solidariedade, da religião, que lhe são intrínsecas. O blues era uma promessa que ele nunca poderia cumprir.

Pôs o trompete na cama e foi ao banheiro. Ao escutar a porta se fechar com um clique, ela sentiu até que ponto mesmo esse breve afastamento estava impregnado de tristeza. Toda vez que uma porta se fechava atrás dele, era quase um preságio da separação final que haveria de vir, da mesma forma que toda nota que ele tocava numa canção parecia ser uma premonição da última: como se a improvisação fosse para ele uma forma de clarividência, como se ele estivesse tocando elegias para o futuro.

Ele era um homem que parecia estar sempre prestes a partir. Se marcava um encontro, chegava três ou quatro horas atrasado, ou nem chegava, ou às vezes desaparecia durante dias ou semanas, sem deixar um número de telefone ou uma explicação. E o surpreendente era a facilidade, a compulsão, com que se podia amar um homem assim, como ele infundia uma sensação de espontaneidade próxima ao companheirismo — o quanto ele induzia uma pessoa à solidão que todos trazem consigo, a solidão que se vislumbra na expressão suplicante de estranhos num metrô meio vazio. Mesmo quando faziam amor e ele saía de dentro dela, mesmo então, minutos depois do gozo, tinha a sensação de perdê-lo. Certos homens, quando transavam com uma mulher, deixavam no corpo dela a marca da paixão, como uma criança crescendo em seu ventre. Podiam ficar longe um do outro por um ano, mas o corpo dela se sentia ainda cheio dos dois, cheio do amor entre eles. Chet deixava uma mulher vazia, cheia de saudade dele, cheia de esperança de que da próxima vez, da próxima vez... E quando ela compreendia que Chet nunca poderia dar o que ela desejava, a única coisa que ela desejava era ele. Sentiu lágrimas brotando-lhe nos olhos e lembrou-se de uma coisa que certa vez um amigo de Chet lhe dissera sobre a música dele — que a maneira como ele sustentava notas levava uma pessoa a pensar naquele instante que antecede o choro de uma mulher, quando seu rosto se enche de beleza até a borda, como água num copo, e um homem faria qualquer coisa no mundo para não tê-la ferido como a feriu. O rosto dela tão plácido, tão perfeito, você sabe que aquilo não pode durar, mas que aquele momento, mais que qualquer outro, encerra algo da eternidade: quando os olhos dela guardam a história de tudo quanto homens e mulheres já disseram uns aos outros. E é aí que ele lhe diz "Não chore, não chore", sabendo que essas palavras, mais que quaisquer outras no mundo, desatarão seu pranto...

No banheiro, ele passou água de prata coloidal no rosto, olhando para o espelho através das gotas que caíam de suas mãos. Fitava-o de volta um rosto cujos traços pareciam controlados por alguma gravidade interna que atraía tudo para dentro. Ombros encolhidos, braços machucados e veias cortadas. Baixou as mãos e viu o reflexo fazer a mesma coisa, mãos brotando como galhadas de pulsos finos. Sorriu, e o reflexo olhou-o de volta com malícia, um sorriso desagradável que não mostrava dentes, apenas gengivas endurecidas.

Não sentiu medo algum dessa súbita aparição. Até onde seria capaz de dizer, trinta anos podiam ter transcorrido desde o momento em que olhara para o espelho. Era assim que ele vivia o tempo. Conseguia sustentar uma nota no trompete por tanto tempo que parecia durar uma eternidade. Enquanto ela durava, era como se não fosse terminar jamais.

Aquilo já acontecera certa vez, também de repente, quando caminhava para um estúdio onde haveria um ensaio, numa tarde de novembro, havia anos. Meio recurvado por causa do vento carregado de poeira, viu de relance seu reflexo, com um casaco de couro, na fachada espelhada de um edifício de escritórios do outro lado da rua. Gostou daquilo, vendo-se de repente como outra pessoa numa longa tapeçaria de imagens. A sequência de reflexos foi interrompida brevemente pela entrada do edifício, e quando ele olhou de novo sobressaltou-se ao ver, em lugar do próprio reflexo, um velho de casaco de couro que olhava de volta para ele. Aproximando-se, percebeu mais detalhes do homem que arrastava os pés em sua direção, retribuindo seu olhar como uma ameaça: um rosto sulcado de rugas como casca de árvore, barbudo, cabelo comprido e fino, olhos opacos que perscrutavam um horizonte que não ia além de um braço. Ele chegou até a beira do meio-fio, e o velho fez o mesmo, fitando o tráfego com paciência, a boca fixa naquele ricto que ele notara antes nas velhas da Europa, o que as fazia parecer plenamente à vontade com a mágoa e o sofrimento: lábios vedando a manifestação da dor, jamais permitindo a emissão de um grito, pois nesse caso teriam de admitir o quanto estavam feridas, o que seria insuportável. Já sabendo o que iria acontecer, ele acenou para o velho e o viu executar, no mesmo instante, uma imagem especular do gesto. Compreendendo o significado do que havia ocorrido, com tal clareza que nem precisou pensar a respeito, ele se virou para o vento cortante e continuou a andar.

* * *

Ele largava suas mulheres a seu bel-prazer, muitas vezes sem motivo algum. Em geral voltava para elas, do mesmo modo como, muitas vezes, voltava a certas músicas. Havia deixado tantas mulheres que às vezes se perguntava se não era isso o que as atraía: saber que ele as deixaria. Ser inteiramente egoísta, indigno de confiança, irresponsável e vulnerável: essa era a combinação mais irresistível que existia. Dissera isso a uma mulher certa vez, e ela respondera, sabendo que era a filosofia mais barata do mundo, que isso ela podia ter com qualquer cafetão.

A mesma mulher dissera que lia cartas de tarô e mãos, e ofereceu-se para ler seu futuro. Ele estava com 28 anos e pensou que mal não faria. Sentou-se diante dela, olhando para a bola de cristal de loja de departamentos e para as cartas do baralho diante dele, iluminadas por velas, fascinado pelas cores e pela beleza do que mostravam: um mundo de imagens mais simples e até mais abrangentes do que as oferecidas pelas músicas que ele cantava e tocava.

— Todas as permutas e possibilidades da vida estão contidas nestas imagens — disse ela, séria.

Ele olhou para as mãos dela, que dispunham o baralho, apontando uma carta e logo outra, escutou a longa narrativa de infortúnios que os vinte anos seguintes lhe reservavam. Deixou que a mulher acabasse, viu que ela aguardava alguma reação de sua parte, acendeu um cigarro, exalou uma tênue nuvem de fumo e, pondo a mão no joelho dela, disse:

— Então, para que a pressa?

Sempre havia mulheres — e sempre havia as câmeras. A indústria do disco queria promover um astro branco num firmamento negro, e Chet era um sonho que se realizava. Ele tinha nos olhos aquela expressão de meia distância, um jeito de caubói, mas tinha também a hesitação da garota tímida que olhava para a câmera por cima do ombro, escondendo-se atrás de si mesma. Ele seduzia a câmera, entregava-se a ela. No palco do Birdland, de olhos fechados, um braço pendendo de lado, frouxo, o cabelo caindo sobre a testa, o trompete levado aos lábios como uma garrafa de conhaque, não tocando o instrumento, mas bebendo dele. Não, nem mesmo isso, mas *bebericando* dele. De torso nu, fazendo beicinho nos braços de Halima, com o trompete no colo dela. Bolonha, 1961, de black tie, Carol de preto e pérolas, homens tocando-lhe os braços nus enquanto os dois abriam passagem com dificuldade, por entre os flashes, em meio a pessoas que pisavam nos pés de outras, derramavam bebidas e se acotovelavam. Ficaram somente alguns minutos, logo saindo através da multidão de fotógrafos da imprensa e de paparazzi. Saindo para o frio da noite, sentindo a angulosidade dos ossos na maciez dos ombros da moça, que tinha o braço em torno de sua cintura. As câmeras continuavam lá quando ele foi algemado e conduzido por policiais com cara de poucos amigos ao tribunal em Lucca. Não demorou para que os policiais começassem a gostar de estar em evidência, sorrindo para as câmeras enquanto passavam com Chet por portas de segurança, rindo ao lado dele no momento em que Chet, na sala do tribunal, olhou para a plateia de fotógrafos, os flashes explodindo como aplausos esparsos, enquanto ele se agarrava às grades com a expressão veemente de tirem-me-daqui que todos esperavam. E os fotógrafos ainda aguardavam quando ele foi solto da prisão no ano seguinte, como se estivesse saindo pelo portão dos vips no aeroporto Idlewild.

A última conversa entre eles fora simplíssima:
— Você me deve.
— Eu sei.
— Este é o último aviso.
— Eu sei.

Depois disso, os dois se olharam durante vários segundos, satisfeitos com a poesia sucinta do diálogo. Para finalizá-lo, Manic repassou as gradações da ameaça:

— Estou lhe dando dois dias. Você tem dois dias. Dois dias é o que você tem.

Chet assentiu — dois dias — e o dueto chegou ao fim.

Chet estivera comprando dele durante seis meses, e Manic, contente por ter um cliente de prestígio, transgredira a regra suprema que ele próprio se impusera: nada de crédito, nunca. Por duas vezes deixara Chet ir embora com envelopes fiados, e por duas vezes ele aparecera com o dinheiro dias depois. Daí foi apenas um passo para que Chet passasse a manter uma conta que, ao menos por algum tempo, saldou prontamente, acrescentando com frequência algumas cédulas adicionais de cem como pagamento antecipado de futuras aquisições. O acordo funcionou muito bem durante algum tempo, mas a partir de certo momento Manic começou a ter de lembrar-lhe que a dívida estava ficando um pouco descontrolada — e mais uma vez esse cutucão bastou para que Chet acertasse qualquer saldo pendente dentro de poucos dias, uma semana no máximo. A seguir, a situação chegou a um ponto em que Chet não só comprava fiado como também pegava algum dinheiro emprestado. Os juros se acumularam, as promessas de Chet — amanhã, cara, amanhã — se repetiram ao longo de uma semana e o rosto de Chet tinha aquela expressão de água rodopiando pelo ralo. Por isso, essa última conversa.

Manic também não vinha se sentindo bem. Pelo que lembrava, fazia um mês que não dormia, que não pregava o olho, e com o sulfato que cheirava e as anfetaminas que devorava, sua cabeça tinha ficado frágil como papel queimado. Fazia tanto tempo que não dormia que sentia o cérebro consumindo a si próprio, como o estômago de um faminto, e ele tremia tanto que praticamente vibrava. Seus pensamentos vinham se transformando em trechos de sonhos que duravam, talvez, alguns segundos, cheios de enredo, cor e ação.

Quando se encontraram de novo, Chet estava na lanchonete Moonstruck tomando uma xícara de café que mais lembrava óleo lubrificante usado. Manic o viu pela janela, entrou com decisão e virou uma cadeira ao contrário, sentando-se de modo a poder apoiar-se no encosto, como um xerife com barriga de cerveja num faroeste cuja tranquilidade deixa entrever uma ameaça pachorrenta. Já o aspecto e os modos de Manic eram tudo menos pachorrentos. Magro como uma vara, ele se agitava como um inseto; e se tinha algum ar ameaçador, era como o de um cão amedrontado. Pediu café e despejou nele cubos de açúcar até o líquido ficar grosso como cola. Seu hálito fedia e ele fez questão de manter o rosto a centímetros do de Chet, fazendo-o inalar a fedentina. Ele passava a impressão de ter visto seis ou sete vezes, numa tarde, todos os filmes já feitos, e de ter saído agora para a luz, assombrado por ainda encontrar o mundo e a luz solar. Estava pensando no que fazer, perdido no frenesi de imagens congeladas de seu cérebro, quando o café da manhã de Chet chegou. Vendo-o espalhar sal no prato, Manic disse:

— Por que você nunca sorri, Chet?

— Acho que perdi o jeito.

— Eu dei a você dois dias.

Chet fitava a poça negra do café, onde as luzes do teto lançavam chispas, como relances de peixes reluzentes. Um cigarro queimava no cinzeiro.

— Isso foi há oito dias. O dobro do dobro — disse Manic,

tirando a faca da mão de Chet e metendo-a na gema do ovo, que se espalhou, amarela, pelo prato.

Mesmo antes de chegar ali, ele sabia que, por mais que precisasse do dinheiro, o fato é que apreciava esses rituais de intimidação. Sabia que, se Chet fizesse o papel que se esperava dele, se dissesse as frases que lhe cabiam e contribuísse para a cena de cinema, ele lhe daria mais tempo para pagar. No entanto, Chet parecia indiferente àquela pantomima, e isso fazia Manic sentir-se um idiota.

— Você tem o dinheiro?

— Não.

— Vai aparecer com ele, sua besta?

— Não sei.

Manic segurava a faca, e Chet, o garfo, como se os dois fossem uma só pessoa. Levado pelo impulso, e sem raiva, ansioso por injetar um pouco de energia naquela cena sem vida, Manic atirou-lhe o café no rosto. Chet se esquivou e usou um guardanapo para afastar do rosto o resto de café, já morno. Manic esperou — talvez em seguida ele lhe metesse a faca no olho, como fizera no ovo. Chet continuou sentado, com sua refeição nadando numa lavagem marrom de café.

Manic não conseguia imaginar o que dizer ou fazer. A cena não tinha força alguma. Em geral, uma ação levava a outra, mas Chet se limitava a ficar parado ali como o fim de um beco sem saída. Lançando um olhar à mesa, Manic pegou um vidro de ketchup pelo gargalo, levou-o para trás do ombro e desferiu um golpe na boca de Chet como se usasse um bastão de beisebol. Não porque quisesse fazer aquilo ou porque a situação assim exigisse, mas porque não havia nada mais a fazer. O frasco espatifou-se, cobrindo a parede com uma baba de molho e vidro. A boca de Chet estava cheia de caquinhos de vidro e pedaços de dentes, além de sangue com gosto de tomate. Era espantoso, mas ele continuou sentado à mesa, como alguém que pacientemente esperasse a sobremesa — até Manic atacá-lo de novo e ele ter a cadeira derrubada, cair no chão e receber uma série de chutes na cabeça e na boca. Sentiu a mesa em cima dele, um prato ricochetear em sua cabeça e bater no chão, uma mão deslizar numa gosma amarela de ovo. Tentou rastejar em torno da mesa e fugir para a floresta de pernas de mesas, mas a seguir elas foram arrancadas pela raiz e caíram em avalanche sobre ele. Em meio a uma onda de gritos e ao vozerio de outros clientes, ele foi coberto por um dilúvio de água, mais café, um vaso de flores e um açucareiro que encheu o chão de cristais brancos.

Então aquilo terminou, e ele estava preso nesse túnel desmoronado de móveis quebrados, mãos que se feriam em vidro quebrado e cacos de dentes, o chão transformado num pântano de ketchup, café e água do vaso, com três tulipas amarelas boiando na barafunda. Juntando todas as forças, ele se pôs de pé como um homem que emergisse do fundo de uma piscina, pingando gema de ovo, fragmentos de louça e tiras de bacon, a boca reduzida a uma mancha transversal no rosto. A primeira coisa que viu foi um garçom perto dele, segurando o bule de café como se fosse lhe servir um pouco mais; atrás dele, clientes boquiabertos, que tinham interrompido a mastigação de omeletes, *bagels* e panquecas. Sentindo-se desfalecer, estendeu a mão e deixou na parede a marca medonha da palma da mão antes de passar cambaleando pela porta e sair para a rua, coberto pelos restos de um desjejum de pesadelo. Lá fora, São Francisco subia e descia num mar encapelado de ruas. Um ônibus amarelo singrava ondas colossais, aproximando-se dele como um transatlântico.

Isso foi em 1972. Em 1976 ele tinha a aparência que sempre lhe estivera destinada, talvez um pouco pior. Seu rosto reapareceu em sua terra e origem, com a aparência que teria se nunca tivesse saído de Oklahoma: barba, jaqueta Levi's, jeans, camiseta. O tipo do sujeito que se via em todo o Meio-Oeste, encostado num balcão, falando de carros e bebendo uma garrafa de Coors atrás da outra, no gargalo, estalando os lábios quando uma mulher entrava pela porta. O tipo do sujeito que tinha levado vinte anos para acabar bebendo no mesmo lugar onde tinha tomado sua primeira cerveja. Trabalhando como frentista num posto, ouvindo um rádio de pilha, cercado o tempo todo pelo cheiro de gasolina, pela cintilação e brilho de carros. Olhando para as mulheres de outros homens enquanto limpava as manchas e a sujeira de insetos em para-brisas.

Mesmo quando ele estava sem dentes e a derrota endurecera seus olhos, ainda assim paparazzi e maníacos da fotografia o perseguiam, assombrados com a rapidez com que ele deixara de ser um pálido Shelley do *bebop* para virar um encarquilhado cacique indígena, deleitados com a clareza daquilo, com a parábola de seu rosto. Se olhassem com mais atenção, teriam visto como o rosto mudara pouco, como sua expressão permanecia constante: o mesmo olhar de interrogação vazia, os mesmos gestos. Era por isso que, apesar de tudo, era possível amá-lo ao longo de trinta anos: seus traços se encovavam, os braços mirravam como árvores no inverno, mas o modo como ele pegava uma xícara de café ou um garfo, o jeito como passava por uma porta ou estendia a mão para um casaco... Tal como seu som, esses gestos permaneciam os mesmos. Os gestos e as mesmas poses: o cigarro pendendo dos dedos, o trompete mole, balançando em sua mão. Em 1952, Claxton o fotografou embalando o trompete, de cabeça baixa, o cabelo alisado para trás, os olhos fitos na câmera como os de uma mocinha. Em 1987, Weber o fotografou do mesmo modo — só que agora seus olhos não passavam de sombras; todo ele parece estar desaparecendo na obscuridade, da mesma forma como sua voz esmaece e o som do trompete se extingue no silêncio. Em 1986, Weber o fotografou nos braços de Diane, com a cabeça colada no ombro dela, tal como Claxton mostrara Lilli apertando-o contra o peito trinta anos antes, a mesma expressão de criancinha consolada pela mãe, a mesma ideia de rendição.

As canções se vingavam: ele as abandonava repetidamente, mas sempre voltava, sempre retornava a elas. Se antes tratava cada canção como lhe apetecia, só precisando sussurrar algumas frases para fazê-la chorar, agora elas nada sentiam, não eram atingidas por seu toque. Pegar o trompete o deixava sem fôlego para tocá-lo, e cada vez mais ele cantava a letra das canções, com uma voz frágil e suave como o cabelinho de um bebê. Às vezes, acariciava suas velhas canções com tamanha delicadeza que elas se lembravam do que um dia tinham sentido, da facilidade com que haviam sido enobrecidas por seus dedos e seu sopro — mas, sobretudo, apiedavam-se dele, ofereciam-lhe uma guarida que ele mal tinha forças para aceitar.

Aonde ele ia, pessoas queriam conhecê-lo, conversar com ele, dizer o quanto sua música fora importante para elas. Jornalistas lhe faziam perguntas tão longas que a resposta exigia apenas um grunhido de anuência ou negação. Entre as coisas pelas quais nunca se interessara, é provável que conversar tenha sido para ele a menos atraente. Às vezes ele ficava pensando se algum dia tivera uma conversa interessante na vida. Entretanto, gostava de estar perto de gente que gostava de conversar, pessoas que não esperavam que ele dissesse alguma coisa em resposta. Era assim também que ele tocava, um jeito de não dizer nada, de dar forma ao silêncio, emprestar-lhe certo som. Seu modo de tocar era intimista porque era como se alguém se sentasse diante de você, concentrando-se no que estava sendo dito, esperando sem pressa sua vez de falar.

Na Europa, as pessoas se penduravam em cada uma de suas notas, corriam para vê-lo, pois cada apresentação podia ser a última, vendo em sua música as cicatrizes de tudo por que ele passara. Estavam convictas de que o escutavam com atenção, de que penetravam em sua música, mas na realidade não prestavam tanta atenção assim. Aquela dor não estava lá. Aquele era apenas seu jeito de cantar, de tocar. O som seria sempre aquele, não importava o que lhe tivesse acontecido. Ele só tinha um jeito de tocar, um pouco mais depressa, um pouco mais devagar, mas sempre no mesmo sulco: uma única emoção, um único estilo, um único som. A única mudança era a decorrente da debilidade, da deterioração de sua técnica — mas essa deterioração de seu som também o realçou, o imbuiu de uma ilusão de paixão que não existiria se a técnica tivesse sobrevivido aos danos que ele infligia a si mesmo.

E também estavam enganados aqueles que viam em sua vida a tragédia de uma promessa não cumprida, de talento desperdiçado e de capacidade dissipada. Ele tinha talento, e o talento, quando verdadeiro, é uma garantia de que não será esbanjado, pois insiste em sua própria capacidade de prosperar. Somente os que não têm grande talento o dilapidam. Todavia, existe também um tipo especial de talento, o que promete mais do que jamais poderá realizar: esse é o seu limite. Tal era o caso de Chet, pode-se escutar isso em sua música, é o que lhe confere aquela serena tensão. Uma promessa — isso era tudo o que sempre seria, mesmo que ele jamais tivesse visto uma agulha e uma seringa.

Em Amsterdam, ele permanecia perto de seu hotel, dando breves passeios e parando nas pontes enquanto bandos magros de drogados passavam, sem se darem conta da presença, nas sombras, de seu santo padroeiro. A cidade era um turbilhão a seu redor: ao atravessar as ruas, ele olhava para cada lado quatro ou cinco vezes, mas estava constantemente saltando de lado para se livrar, no último instante, de bondes que passavam, de carros que buzinavam e das campainhas estridentes de velhas bicicletas. Uma cidade feita de janelas, que nada escondiam. Ele passava por janelas que eram vermelhas como os lábios de moças que acenavam, lojas de antiguidades que pareciam casas de família, residências antigas com jeito de lojas. Quase não falava, e quando chegava a falar parecia ser apenas por acaso que sua boca estivesse articulando as palavras, que ficavam suspensas no ar como uma névoa. Tinha ouvido referências a pessoas que eram mantidas vivas mediante aparelhos, artificialmente, e parecia-lhe que era isso que ele se tornara — e que, quando os aparelhos fossem desligados, ele nem perceberia.

De volta ao hotel, assistiu a fragmentos de vídeos, discou números a esmo no telefone, fumou e esperou, deixando o apartamento escurecer à sua volta. Viu, pela janela, as luzes de um café estriarem o canal como folhas, ouviu sinos que dobravam sobre as águas escuras. Aquela velha história segundo a qual, quando a pessoa morre, toda a sua vida lampeja diante de seus olhos. A vida dele estivera passando diante de seus olhos até onde ia a sua memória, vinte anos, pelo menos, quem sabe ele estivesse morrendo esse tempo todo, talvez os últimos vinte anos tivessem sido simplesmente o longo momento de sua morte. Ficou imaginando se haveria tempo de voltar para Oklahoma, onde tinha nascido, a fim de tornar-se uma pedra no deserto. As pedras não eram coisas mortas, eram como versões terrestres dos peixes que jazem no leito do oceano fingindo ser outra coisa. As pedras eram o estado que os gurus e os budistas se esforçavam por atingir, a meditação que se transformava de ato em coisa. As ondulações de calor eram os sinais de que o deserto respirava.

No clarão dos azulejos do banheiro, ele lançou um olhar ao espelho, mas não viu reflexo algum, nada. Postou-se diretamente em frente ao espelho, olhou para a frente e não viu nenhum vestígio de si, apenas as toalhas, grossas e brancas como neve, penduradas no toalheiro às suas costas. Sorriu, mas o espelho não respondeu. Mais uma vez, não sentiu medo. Pensou em vampiros e em mortos-vivos, mas era mais provável que tivesse entrado no reino dos defuntos. Olhou para o espelho, pensando nas centenas de fotos dele que existiam em discos e revistas em todo o mundo. Buscou na mesa da sala a capa de um disco com uma foto que Claxton tinha feito anos antes em Los Angeles. De volta ao banheiro, segurou a capa diante de si e olhou para o espelho. Suspenso no espaço, emoldurado pelas toalhas e pelos azulejos do banheiro, ele aparecia sentado ao piano, com o rosto refletido na tampa, perfeito como um Narciso de cabelo desordenado à beira do lago. Olhou a imagem durante vários minutos, baixou o disco e, mais uma vez, só havia a branquidão de neve das toalhas.

A estrada molhada brilhava, como se fosse de prata, ao sol do meio-dia. Só uma luazinha pálida destoava no azul absoluto do céu. No último trecho da viagem, Harry tivera a sensação irritante de que o carro não funcionava muito bem. Ao olhar para o marcador de gasolina, surpreendeu-se ao ver que o ponteiro já caía em direção a Vazio. Entrou no primeiro posto que apareceu. Um cachorro latia, um anúncio enferrujado de Coca-Cola rangia na brisa. Um frentista magro, com dentes cariados e boné de beisebol, manquejou em direção às bombas. Seu nariz parecia ter sido roído por mosquitos durante os últimos vinte anos. Encheu o tanque, sorridente, e perguntou a Harry se quem estava no carro era mesmo quem ele estava pensando que fosse. Harry assentiu com a cabeça, e Duke saiu do carro, apertou os dedos finos do homem e viu a felicidade se espalhar por seu rosto como a alvorada sobre uma cidade decrépita. Harry comentou que o carro não vinha funcionando muito bem, e o homem olhou dentro do capô, com a cinza do cigarro caindo no motor. Duke se considerava o melhor copiloto do mundo, mas mecânica era outra história. O máximo que podia fazer era ficar por ali e mostrar-se interessado enquanto outra pessoa resolvia o problema. Harry olhava, ansioso, por cima dos ombros do homem, que deu puxões em umas mangueiras, enxugou algumas peças, verificou o óleo e as velas e resmungou alguma coisa em tom aprovador, fechando o capô e jogando fora a guimba do cigarro.

— Deve ter sido gasolina ruim da última vez que pararam num posto, Duke — disse, enxugando a testa com o dorso da mão. — O carburador está bom, o óleo também, não tem nada de errado com o carro. Ele só precisa rodar.

Harry sorriu de volta para ele, aliviado e orgulhoso como um pai.

Voltando para o carro, buzinou, e Duke acenou quando saíram de novo para a estrada.

— Volte quando quiser, Duke — gritou o homem. — Quando quiser.

Ele queria fazer roubos espetaculares, chegar de carro diante de um banco e barbarizar, deixando clientes inocentes pelo chão antes de dar o fora, com cédulas de dinheiro sopradas pelo vento quente do escapamento ao saírem em disparada. Seus companheiros nunca o deixavam portar uma arma. Julgavam-no maluco demais, e, ainda que desapontado, Art sentia certo orgulho pelo fato de aquela gente perigosa achá-lo tão pirado.

Certa vez ele roubara o consultório de um médico, se mandando com narcóticos e vidros de comprimidos, apanhados ao acaso. Achava que ele e Diane poderiam se livrar das drogas com os comprimidos. Ficar doidão com comprimidos — essa era a ideia que ele fazia de se livrar das drogas.

As paredes do quarto vomitavam. Num momento ele flutuava sem peso, como se estivesse no espaço, no outro sentia a gravidade indo em sua direção e pegando-o pelos tornozelos, através das tábuas, e quando ele caía no chão, sentia-o macio e acolhedor como um travesseiro. As cores se avivavam e desbotavam. As cortinas estavam puxadas, e as luzes, sempre acesas, a lâmpada nua no meio do cômodo lembrava um sol branco que nunca saía do lugar. Calafrios como punhaladas, uma víbora que se contrai em suas entranhas. Olhava para Diane e só via um saco de tormentos e fluidos. Às vezes ele a agredia com palavras e se dava conta de que tudo o que tinha atacado era uma almofada coberta de vômito. A televisão estava sempre ligada: às vezes eram séries, programas de auditório ou desertos de faroeste e um céu de nuvens altas. Em outras ocasiões, carros ou rostos, latejantes, cabeças em close-up girando como um espremedor de frutas: ele mexia no botão de vertical, esperando ver as coisas se estabilizarem, mas com a sensação de ter feito alguma coisa errada, porque agora não havia mais nenhuma imagem, só vozes.

Diane choramingando: Desligue isso, Art, desligue isso.

Agora, no entanto, ele estava absorto, olhando fixamente para o televisor, até que outra coisa chamou sua atenção e ele saiu aos tropeções. O pé se prendeu no fio de um abajur, e ele caiu no tapete, seguindo-se a breve explosão da lâmpada que se queimava e era esmagada. Com isso, coube a Diane desligar a TV, e ela começou a mexer em todos os controles, terminando por puxar a antena e aumentando o volume, e agora o estrondo e o frêmito de um mar molecular se tornaram contínuos, uma neve branca de ruído, como uma emissão vinda de outro planeta. Ao abrir a cortina um pouco, não mais de dois dedos, as cores do lado de fora lhe ofuscaram os olhos como uma faca de luz.

Como café da manhã, engoliam comprimidos, sacudindo os vidros quando se esvaziavam, olhando para dentro deles como se fossem um telescópio apontado para a luz de uma galáxia marrom. E havia também uma ânsia de abrir e fechar coisas: armários, portas, a geladeira, tirar a tampa de um pote de margarina e depois deixá-lo como estava.

A privada era um charco amarelo. Sentado na borda da banheira, ele viu sua mão avançar e girar o rolo de papel higiênico, fazendo uma corda clara de papel descer até o chão, e ele continuou a fazer aquilo, gostando de ver o papel macio amontoando-se no piso frio. Por fim, cansou-se e voltou para a sala, cujo chão era uma esponja de vômito, sangue e vidro quebrado. Aqui e ali, onde deveria haver flores, bolas amassadas de jornais respiravam lentamente e sempre pareciam estar para florescer. Às vezes ele sentia uma agitação febril na cabeça, e outras vezes seus membros pareciam tão fracos que até cruzar e descruzar as pernas era como uma excursão por morros agrestes.

    Diane estava lhe dizendo alguma coisa, mas as palavras se derretiam num muco cinzento de som. Ele a imaginou jogada na sarjeta, com o corpo se decompondo e o pneu de um carro esmagando-a como neve. Viu-a sair para a cozinha, onde todos os armários estavam de portas abertas, como se a casa estivesse sendo açoitada por um vendaval. No meio do caminho, tropeçou e escorregou no tapete, com um triângulo de vidro se projetando de seu rosto como um espinho de roseira e nem notando o sangue que, aliás, caía bem nela.

    A essa altura era no sofá que ele vomitava ou tinha náuseas, pois nada saía além de umas gotas de bile. Seu rosto vivia pegajoso por causa de uma coisa que exsudava dos olhos e do nariz e lhe dava a sensação de uma lesma quente a rastejar por suas faces. Quando acordava, crostas macias tinham se formado em torno dos olhos, que pareciam ter sido lustrados com um trapo quente.

    Diane estava gemendo e se lamuriando como um cão faminto, e Art percebeu, rindo, que era mesmo a cachorra — um erro fácil de cometer, já que não havia diferença alguma entre essas duas cadelas. O animal estava aterrorizado, e Art, de volta à cozinha sacudida por ventanias, foi de armário em armário, fechando e abrindo tudo de novo. Verteu leite num pires, sabendo que isso era a coisa certa a fazer para os gatos e com a esperança de que fizesse também a alegria da cachorra — e depois estragando tudo ao pisar sem querer no pires, de modo que apareceram no linóleo pocinhas de leite e um arquipélago de cacos de louça azul. Ele caminhava pela cozinha como alguém que quisesse virá-la de cabeça para baixo, esvaziando cada armário com o braço, atirando latas e panelas ao chão e só então olhando para ver o que sua procura havia revelado. Encontrou uma lata de ração para cães, e então passou para as gavetas, em busca de um abridor de latas, levantando tudo bem alto sobre a cabeça e deixando facas e garfos desabarem sobre ele como uma chuva intensa estrepitando no chão. De gatinhas, revirou tudo, achou um abridor e meteu-o nas vísceras da lata, lacerando-a, ferindo o dedo numa borda cortante e pouco se importando, tirando para fora o cilindro reluzente de carne preso ao garfo e, a seguir, deixando-o como estava, com a cachorra já comendo.

De volta à sala, adormeceu no sofá e sonhou com o nada absoluto, com o nada, nem mesmo cinzento ou branco ou de qualquer cor, o nada absoluto, sem nenhum tempo nem som, mas indiscutivelmente um sonho, diferente do negrume pesado do sono. O sonho passou uma sensação de êxtase até pintalgar-se de cores e de dor fria, e ele estava desperto de novo, com as juntas como as de um mergulhador que subiu depressa demais de uma profundidade de vinte braças, a boca tão seca que era como se não houvesse mais líquido algum em seu corpo, voltando a si e imaginando se estar em coma seria assim. Dor por toda parte, assim que a localizava num local, tomava consciência de uma dor mais forte em outro lugar, e durante algum tempo não fez nada senão acompanhar o movimento da dor pelo corpo, depois notando que ele estava no chão, molhado de sangue, e que Diane jazia inconsciente perto dele. Seu primeiro pensamento foi que ele a matara, e a satisfação com isso foi logo substituída pelo temor de que realmente ela não estivesse respirando mais. Deu um jeito de se levantar, com o sangue correndo para a cabeça ou fugindo dela, oscilando como uma torre ao vento, deu-lhe um chute e não houve reação, como se tivesse chutado um saco de terra, e por isso a chutou de novo, com mais força, e dessa vez ela teve uma contração e deu um gritinho.

E então não aguentou mais, saiu desabalado de casa, batendo a porta, mas despreparado para a forma como o calor do mundo exterior o agrediu como se lhe desferisse murros em série. No primeiro instante, a claridade foi excessiva, seus olhos doeram ante o fulgor do sol. Em seguida ele viu a rua e os quadrados de grama bem cuidados, ouviu o zumbido familiar do trânsito. A partir daí, o hábito passou a agir. Daí a pouco, viu-se ligando o motor, escutou o carro responder, mover-se. O retrovisor não lhe era de nenhuma serventia, toda a sua atenção se fixava em seu destino, no que estava à frente. Carros passavam por ele como borrões, mas no primeiro cruzamento houve um solavanco e sua cabeça se chocou com o para-brisa. O sujeito do carro que ia à frente desceu, colérico, pronto para brigar, mas ao ver Art, sujo de sangue, raivoso e cheirando a vômito, deteve-se, inseguro quanto à situação em que podia se meter, e se limitou a olhar quando aquele maluco o rodeou com o carro cantando pneu e foi embora.

Chegou à casa de amigos, drogados que lhe lançaram um olhar e logo decidiram lhe dar uma dose por conta. A agonia imediatamente sumiu numa onda de calor, quase forte demais. Ele mergulhou a cabeça numa bacia de água limpa, pegou outra dose para Diane e saiu, apressado, da casa, expressando vezes sem conta sua gratidão, fazendo promessas de lhes pagar muitas vezes mais.

Ao chegar à via expressa, suas veias já estavam avivadas pelo fluxo rápido da heroína em seu sangue, ele sentia um calor na boca do estômago, a vista clareava. Dirigiu com cuidado no começo, mas logo perdeu a timidez, ultrapassando os carros mais lentos até acelerar mais e mais, com as janelas abertas e o vento quente correndo por seu cabelo, o rosto molhado secando depressa, deleitando-se com os filetes de água que desciam do nariz para o peito, sentindo a investida do ar azulado e o avanço veloz pela via expressa, o rugido cinzento dos pneus, o sol que dançava nas capotas brancas dos carros. Espetou os dedos nos botões do rádio, passando de uma estação para outra e parando de repente ao chegar a uma estação de jazz, ouvindo primeiro um trio e reconhecendo em seguida seu próprio som, um saxofone que abria caminho, esgueirando-se e costurando como um carro vermelho num trânsito ralo. O pé quase não tocava o acelerador, o som era claro como a luz brilhante, nítido como sombras. Aumentou o volume do rádio até que daí a pouco o carro seguia no encalço de uma ruidosa descarga de som, levou a mão ao porta-luvas e pegou uns óculos empoeirados, apreciando a intensificação da luz esverdeada que fazia a arrancada prateada do sax parecer mais brilhante, mais bela do que antes — como um dia quente e claro, como aves voando num céu silencioso. Um carro avançando pela sinuosa estrada litorânea, entrando nas curvas devagar, com vislumbres do Pacífico aqui e ali, até que, saindo de uma curva, lá está um imenso panorama do oceano azul a sumir na distância, e sobre ele a ponte, como um pôr do sol sustentado por vigas. Ondas se quebrando em pedras e na areia. Gaivotas em voos de mergulho.

No alto de uma parede, as grades de uma janelinha lançavam no chão faixas zebradas de luz e sombra. Ele caminhou de um lado para o outro na cela e lançou um olhar à figura estendida na cama de cima, antes de se jogar na de baixo, com as listras de sombras caindo sobre ele. A cabeça nas mãos, os cotovelos nas pernas. A mão esquerda alcançou o ombro direito, coçando um ponto pouco abaixo da cava da camiseta manchada de suor antes de massagear o bíceps de cada braço com a mão do outro. As pernas se projetavam de calções acinzentados, magras e brancas, e as botinas sem cadarços em seus pés faziam as pernas parecerem esqueléticas. Toda uma parede estava coberta de fotografias, arrancadas da *Playboy*, de mulheres sorridentes e pálidas, sem nada a cobri-las senão a cintilação do batom e lençóis dourados, de seda e cetim. Estendeu-se na cama, fechou os olhos por alguns minutos e depois se levantou e pôs-se a andar de um lado para o outro de novo. Cada gesto era vagaroso: seus movimentos tinham encolhido, agora restritos aos limites da cela, mas também haviam se multiplicado para preencher as horas que levavam semanas para passar, as tardes que pareciam meses. Ele olhava para a folhinha improvisada e presa com fita adesiva a uma parede com a mesma frequência que um homem que espera um trem consulta o relógio.

Agarrando-se às grades da janela, ergueu o corpo, com os músculos se retesando nos braços e uma veia saltando no pescoço. Tudo o que via era uma nesga de céu e sol, mas, erguendo-se um pouco mais, podia avistar as refinarias e os armazéns perto da praia. Apoianando os pés na parede, para com isso diminuir o peso em seus braços, pôde erguer-se um pouco mais, inclinando a cabeça no ângulo entre a parede e o teto. Pelo menos um terço da vista era obstruído pelo muro da prisão, mas, naquela posição difícil, podia ver a praia claramente: pessoas espairecendo em cadeiras de lona, as ondas batendo. Lançando o olhar mais adiante, viu um velho cais, uma mulher, queimada de sol, estendendo uma toalha e tirando a roupa. Estava muito distante, mas a luz era tão perfeita que podia vê-la com toda a clareza. Tirou a blusa e a saia, revelando um maiô vermelho. Calor, água azul, borrifos. A mulher deitou-se na toalha. Levantou uma perna, procurou alguma coisa na bolsa — cigarros, bronzeador... Ele se manteve naquela posição pelo tempo que aguentou, depois se deixou cair, ofegante, com listras de luz e sombras.

* * *

Caminhava pela faixa de praia que, da cela, só podia vislumbrar, com o céu descorado pelo calor. Todos ali estavam bronzeados e de calções de banho, olhando para ele, que, incongruentemente, vestia um terno escuro e carregava uma maleta e o estojo do instrumento. Ele olhava em torno de si o tempo todo, e era impossível dizer se por nervosismo ou por uma atenção fascinada às coisas. Se alguém se aproximava muito, ele olhava para o chão, levantando o braço para esconder o rosto de seu olhar.

Chegando ao cais, parou e procurou a mulher que ele vira da prisão. Algumas pessoas estavam deitadas na areia, mas ela não se achava ali. Olhando em torno outra vez, viu-a na praia, um pouco além do cais, com a toalha estendida sob um guarda-sol, conversando com um homem de trinta e tantos anos, talvez um pouco mais velho, que usava camisa colorida, de mangas curtas, que parecia ter sido comprada na França ou algum outro país da Europa. Beijou-a no rosto e juntou suas coisas antes de caminhar na direção de Art, notando-o ao passar. Art ficou olhando seu vulto, que se distanciava, até que, pelo canto do olho, viu de relance uma pessoa que ele reconheceu, caminhando pela calçada de tábuas diante de um café, com as pernas longas se sacudindo como uma calça jeans pendurada para secar num dia de vento. Pegando a maleta e o estojo, Art foi até ele, acabando por colocar as mãos com força em seu ombro.

— Ei, negro safado, aonde pensa que vai? — o homem virou-se depressa, levando uma das mãos ao bolso traseiro, os olhos fuzilando de raiva até ver Art sorrindo para ele.

— Seu branco safado...

— Como é que vai, Egg?

Apertaram-se as mãos, abraçaram-se, deram-se palmadas nas costas, e Egg disse:

— Eu já ia arrebentar com sua cara... Como é que vai, Art?
— Não sabia que você tinha saído.
— Pouca gente sabe. E então, como vai?
— Tudo numa boa, cara, tudo numa boa. Como ficaram as coisas lá depois que saí?
— Não é mais o mesmo, cara.
— Jackie está bem lá?
— Vai levando. Ele é um garoto duro, Egg.
— É, sim. Foi bom te ver, Art — disse, dando-lhe um tapinha no ombro.
— O mesmo digo eu, cara... Escute, posso pegar um pico com você?
— Cara, você não muda. Quando foi que saiu? Estamos falando de dias, de horas ou o quê?
— Estamos falando de minutos, cara — respondeu Art, sorrindo. Egg riu alto. — E então, posso pegar com você?
— Você saiu faz vinte minutos e já está querendo voltar — disse Egg, balançando a cabeça. — O que é que há com você, cara, gosta da vida na gaiola?

Art sorriu de novo. Uma partida de vôlei tinha começado perto deles, cercando-os com o som de boladas e gritos. Os jogadores se atiravam no chão para fazer defesas e levantavam areia.

— Por que você não arranja outro passatempo? O vôlei ou outra coisa... Quanto dinheiro você tem, cara? — perguntou enfim, mexendo no lóbulo da orelha com o polegar e o indicador.
— Estou zerado, cara. Esse vai ter de ser fiado. Vamos lá, Egg.
— Ah, cara — disse Egg, balançando a cabeça.
— E me arranje também material para eu preparar o bagulho, você consegue? — pediu Art, mais sério de repente.
— Está querendo me ferrar?
— Quando é que posso pegar?
— Amanhã de tarde, depois de amanhã.

— Hoje à noite, Egg.
— Cara, você não muda...
— Obrigado, Egg.
— Tá, cara.

Apertaram-se as mãos frouxamente, já se separando no momento em que as mãos se tocaram.

Pegando suas coisas de novo, Art voltou na direção da mulher na praia. Estava deitada de bruços, agitada como ficam as pessoas quando tentam trabalhar num ambiente que só conduz ao ócio. Ao se aproximar, Art notou, pela primeira vez, detalhes de sua aparência: cabelo castanho, nem longo nem curto, nariz pequeno, lábios que pareciam constantemente prestes a sorrir. Uma sombra caiu sobre a página do livro, ela ergueu o olhar e viu um par de sapatos na areia, meias, bainhas de calça, um homem de terno que pôde ser visto inteiro quando se abaixou a seu lado.

— Olá.

Ela se virou para ele, surpresa, irritada, instintivamente consciente da desigualdade que havia entre eles: ela quase nua, ele usando um terno tão impróprio que seria cômico se não fosse o leve ar de ameaça que ele passava.

— Olá — respondeu à meia voz, com a pergunta "O que você quer?" condensada naquela palavrinha. Olhou para ele através do cabelo que caíra sobre seus olhos, deixando áreas de sombra no rosto, esperando para ver o que ele diria. Afastou o cabelo dos olhos enquanto ele olhava para o chão, pegando um pouco de areia e deixando-a escoar entre os dedos. Olhando para aquele homem, já percebendo a tensão que havia nele, ela se lembrou de ter lido em algum lugar que, quando uma mulher se sente atraída por um homem, a primeira coisa que ela nota são os seus dedos. Os desse homem eram o extremo oposto de elegância: curtos, com unhas quebradas, nem mesmo limpas. Seu cabelo era cortado rente, ao estilo militar. Jeito de operário, bonitão, mas desgastado.

Ele olhou para cima, semicerrando os olhos e protegendo-os da claridade com a mão.

— Está... muito claro — disse por fim, dando um pigarro, ainda sem olhar para ela.

Ela assentiu com a cabeça, e a expressão em seu rosto era a de alguém que ouviu uma batida na porta, abre-a e se vê diante de uma pessoa absolutamente estranha, uma pessoa sem nenhum motivo para estar ali.

— Toalha bonita, essa. Bonita mesmo.

Mais uma vez ela teve vontade de rir do absurdo do comentário. Mas em vez disso, no tom mais neutro que pôde, agradeceu.

— Obrigada.

— Inglesa, hem?

— Sim — esta era a regra: era preciso mostrar o mínimo possível nessas situações, reduzir a conversa a limites tão estreitos que ele não tivesse margem para fazer nenhum avanço, enquanto ele tentava criar a maior intimidade possível com os pretextos mais insignificantes.

— Eu sou americano — disse ele, sério.

— Muito interessante — ela acabou dizendo, virando-se para o livro. Ao fazer isso, percebeu que ele olhava para o corpo dela. Tentava dar a impressão de que olhava para a arrebentação, mas ela percebia que os olhos dele voltavam a ela o tempo todo, queimando-a como o sol.

— Eu já vi você antes — disse ele daí a pouco.

— Onde?

— Aqui. Você vem aqui quase todo dia. Fica aqui ou no cais.

— Eu não notei você.

— Não, acho que não.

Ela mudou de posição. Antes estava deitada, apoiada num

dos cotovelos, e agora sentou-se, puxando defensivamente para si a perna mais próxima dele, como forma de criar uma barreira entre eles, sempre atenta ao fato de que a barreira era sua perna nua.

— Então, ah... O que você está fazendo aqui?
— Pegando sol.
— Eu quis dizer, na Califórnia.
— Meu marido está dando um curso de um ano no Instituto de Música.

Nenhum dos dois olhou para o outro.

— Marido. Puxa, essa não é uma das palavras de que mais gosto — disse ele daí a pouco, traçando uma trincheira na areia com o dedo. — É o cara que estava aqui há pouco?
— É.
— O que ele ensina?
— Composição do século XX. Clássico moderno.
— Clássico moderno, é?
— É.

Soprava um vento antes? Talvez: uma viração apenas suficiente para fazer os grãos de areia deslizarem devagar, uns sobre os outros, e afastar a tênue névoa sobre as ondas. Agora não havia aragem nenhuma, somente a quietude do céu.

— Posso lhe oferecer uma cerveja? — antes mesmo de perguntar, ele sabia que ela recusaria.
— Não, obrigada.
— Um café?

Ela balançou a cabeça, olhou de novo para o Saara de desenhos que o dedo dele traçava na areia.

— Uma Coca?
— Não.
— Chá?
— Não.

— Chá com leite... Com limão?... Chá gelado...
— Realmente, não...
— Que tal um milk-shake? Morango, limão, banana, baunilha?
— É muita gentileza sua, mas...
— Ei, vamos, eu estou comemorando.

Hesitante, indecisa quanto a perguntar ou não o que comemorava, surpresa por constatar que também estava riscando a areia, ela fez uma pausa antes de indagar, com um cuidado exagerado:

— O que está comemorando?
— Quer saber?
— Não.
— Quer saber mesmo?
— Não.
— Bem, se você quer saber mesmo, eu estou comemorando o aniversário da pior coisa que já me aconteceu.

Ela nada disse, não fez movimento algum. Art fez-lhe um gesto, abrindo as mãos, erguendo as sobrancelhas, induzindo-a a perguntar o que acontecera.

— Quer saber o que foi?
— Não.
— Quer saber mesmo?
— Não.
— Então está certo, vou lhe dizer, já que você é tão persistente. Há exatamente cinco anos, eu estava jantando com uma moça, um apartamento que era um luxo, como, aliás, tudo ali. Havia uma mesa com tampo de vidro, umas cadeiras bacanas de vime, com pernas finas de metal. Som estereofônico, freezer, tudo do bom e do melhor.

A voz dele se situava em algum ponto entre um lamento e uma fala arrastada, monótona mas inflamada, a voz de uma pessoa só interessada no que falava, uma voz que se poderia imaginar justificando infindavelmente suas ações, prometendo, suplicando e negando toda responsabilidade por atos que houvesse cometido.

— E a moça tinha dois *chihuahuas*, muito engraçadinhos, que corriam e brincavam pelo apartamento, mas muito tranquilos, não latiam nem nada. Bem, nós já tínhamos saído juntos algumas vezes, mas era a primeira vez que ela me convidava ao apartamento. Por isso, eu levei flores e chocolates, essas coisas, a gente estava conversando e jantando, tudo correndo bem, ela me contou que adorava os cachorrinhos, eu brinquei um pouco com eles, e aí chegou a hora da sobremesa, um sorvete legal, sei lá, havia uns oito sabores juntos numa bola, e eu me debrucei para a frente, meio que levantando a parte da frente da cadeira de pernas fininhas, me debrucei por cima da mesa de vidro e dei um beijo nela, nos lábios, que estavam frios e doces por causa do sorvete. E eu disse, todo romântico: "Passei a noite toda querendo fazer isso". E ela respondeu: "Eu esperei a noite toda que você fizesse isso". Aí eu levantei mais ainda a parte da frente da cadeira, mas achei que o que eu devia fazer era ir ficar ao lado dela do outro lado da mesa, e me recostei de novo na cadeira. Aí veio um som de coisa mole pisada e esmigalhada, junto com um ganido, e quando olhei para baixo, cara, eu tinha atravessado um *chihuahua* com a perna de metal da cadeira, como se fosse um espeto. A perna da cadeira tinha varado o bicho de lado a lado, como se ele fosse uma espécie de kebab ou uma peça de carne que a gente vai pôr na churrasqueira, mas ele não estava morto, estava só... sabe, os olhos dele estavam saltando da cabeça e a língua estava assim, abanando...

Ele sorria e olhava para ela, vendo-a rir.

— E aí, o que aconteceu? — ela perguntou, tossindo em meio ao riso.

— Bem, ela começou a gritar, transtornada, havia sangue

pelo chão todo e a gente estava tentando tirar aquele *chihuahua* da perna da cadeira, era como uma pessoa num filme de faroeste com uma flechada no peito, você sabe, tentando puxar o cachorro, mas ele parecia que estava preso...

Dez minutos depois, ela havia vestido a blusa e a saia e estava sentada a uma mesa num café da praia. Um garçom trouxe uma bandeja cheia de garrafas, copos e xícaras para a mesa, o sol refletia nas arestas dos cubos de gelo, nas curvas finas dos copos. Ela pagou ao garçom, deu uma olhada rápida no livro e ficou pensando no que estava se metendo. O fato de ele ter pedido dois de tudo para si, duas cervejas, dois cafés, duas Cocas, e de estar no banheiro quando o garçom trouxe a bandeja — deixando a ela a tarefa de pagar — era tão pouco surpreendente que parecia inevitável. O que de fato surpreendia era que ela estivesse ali. O ponto de virada se dera quando ele a fizera rir. Em criança, quando ela ficava zangada com o irmão, gritando com ele por alguma coisa ruim que ele tinha feito, ele lhe dizia: "Eu sei que você está zangada, você está muito zangada, e então, faça o que quiser, mas não estrague tudo rindo. Não ria. Faça o que quiser, mas não ria". E nesse momento o riso saía de sua boca, borbulhante como refrigerante de uma lata. Tinha acontecido a mesma coisa agora. Seu riso a metera naquilo, fora o riso que a traíra. Perdida nessas reflexões, ela não notou que ele voltara para a mesa. Ele se sentou, sorrindo, despejou a cerveja num copo, esfregou a garrafa na testa, tomou um gole da cerveja e enxugou os lábios com o dorso da mão. Ela o viu tomar outro gole — como se nada existisse no mundo além daquele copo de cerveja, como se ele fosse verdadeiramente capaz de desfalecer com o prazer que a cerveja lhe proporcionava. Ela tomou um gole azedo de limonada.

— Você se bronzeou mesmo — disse ele, inclinando a garrafa na direção dela, com uma manchinha de espuma na boca.

— Você está muito pálido.

— Pois é, faz tempo que não pego um pouco de sol — ele disse, tirando um pedaço de papel-alumínio do gargalo da garrafa.

— Por quê? — ela sacudiu o gelo em seu copo, um gesto sempre destinado a tornar uma pergunta importante o mais casual possível.

— Estive longe, fora do país. Estive em, ah, como se chama aquele lugar... Dinamarca? Noruega?... Já esteve lá?

— Não.

— Ih! Você devia ir — disse ele, matando a cerveja, despejando açúcar no café, pondo nele metade do jarro de creme. — Tem muita coisa lá para se ver. Os fiordes e tudo o mais. Mas é frio.

Ela mexeu o gelo em sua bebida com o canudinho, olhou para o mar, onde um avião escrevia no ar o nome de um novo restaurante. Baixando o olhar de novo, viu que ele estava abrindo mais pacotinhos de açúcar e despejando-os em seu copo de Coca-Cola.

— É um milagre que você ainda tenha dentes.

Ele sorriu para ela: dentes perfeitos. Alguém tinha posto um disco na vitrola automática, jazz lento.

— E o que você estava fazendo lá, na Noruega?

— Sou músico — ele disse, traçando desenhos sinuosos no gelo derretido e derramando água na mesa.

— Que tipo de música você toca?

— Jazz.

— Pensei que todos os músicos de jazz fossem negros.

— Nem todos.

— Mas os melhores são, não é?

Um punhal de cólera reluziu em seus olhos. Sempre aquela mesma alegação que ele tinha de enfrentar. Se sua vida tinha uma finalidade, era sepultar aquela ideia para sempre. Anos depois, em Nova York, ele diria a um jornalista, sem nenhum sinal de ironia: "Dentro de muito pouco tempo, eu vou ser como Trane.

Houve Pres, depois Bird, e em seguida, Trane. E depois dele vai haver Pepper. Eu senti isso a vida inteira. Nunca duvidei disso". Talvez fosse por isso que, encarando-a fixamente, ele teve uma estranha sensação de déjà-vu ao dizer, lentamente e com toda a seriedade:

— Ninguém toca melhor do que eu.

— E, ainda por cima, é modesto — ela retribuiu seu olhar, um sorriso ralo de lima flutuava na superfície de sua bebida. A escrita no céu estava se desvanecendo.

— Você gosta de jazz?

— Nunca escutei muito. Ouvi alguns discos de Duke Ellington uma vez e um pouco de Charlie Parker... Richard, meu marido, vive prometendo me levar a um concerto.

— Ele faz jazz?

— Não, não — ela respondeu, rindo pelo nariz. — Diz que é uma música indisciplinada, muito baseada na improvisação.

— E esse sujeito ensina música?

Ela abriu a boca, ouviu-se a rápida inalação de ar que precede a fala, mas ele continuou, apressado, sepultando a crítica implícita:

— Você devia ir a um clube de jazz. Pode ser o Hillcrest ou algum outro. Vai gostar. Quem sabe eu poderia levá-la?

Ela nada respondeu.

— Talvez — ele disse, por fim, dizendo sua fala para ela.

— E que instrumento você toca?

— Adivinhe.

— Trompete?

— Não.

— Saxofone.

— É, alto.

— E já gravou discos?

— O último faz algum tempo... Está ouvindo isso? — perguntou, com um gesto em direção ao café, a fonte da música que escutavam. — Quem está tocando sou eu.

— É mesmo?

— É — ela virou a cabeça para um lado, escutando.

— É você mesmo?

— Não está acreditando?

— É você?

— Claro. Quem mais pode tocar o blues assim? — perguntou, rindo.

— Não sei. O que é blues?

— O blues? Cara, essa é uma pergunta muito séria. O blues é uma porção de coisas, um sentimento...

— Que tipo de sentimento?

— Bem, é... Pode ser um cara sozinho, trancafiado num lugar porque se meteu em uma encrenca que não foi culpa sua. E ele está pensando na namorada, de quem não tem notícias há muito tempo. E talvez seja dia de visitas e todos os outros caras estão lá embaixo, se encontrando com as mulheres e as namoradas. E ele fica na cela, pensando nela. Querendo aquela mulher e sabendo que ela está perdida para ele, que nem se lembra mais direito dela porque faz muito tempo que ele só vê as garotas pregadas na parede, que nem parecem mulheres de verdade. Querendo que alguém estivesse esperando por ele, pensando em como a vida está passando e em como ele meteu os pés pelas mãos. Querendo ser capaz de mudar tudo, sabendo que não pode... Isso é o blues.

Quando ele parou de falar, ela passou a prestar ainda mais atenção na música, como alguém que olhasse a fotografia de um dos pais do amante, tentando localizar uma semelhança fugidia.

—Todo esse sofrimento e essa dor — disse ela por fim. — Mas... mas...

— Mas o quê?

— Mas... bonito. Como lágrimas beijadas — disse, sorrindo por achar aquela frase muito boba. — É você mesmo?
— Não está vendo?
— Eu não te conheço. Como posso ver?
— Você não precisa me conhecer. Você pode ver... Preste atenção. Essa é minha voz, minhas mãos, minha boca. Tudo. Sou eu.

Ele tirou o paletó. Ela olhou para as tatuagens de bares em seu braço, olhando para ele de um modo diferente agora, à procura da fonte da música.

Enquanto ela o olhava, ele se moveu como se fosse pôr a mão no joelho dela, mas em vez disso a mão dele parou a quinze centímetros de sua pele. Mantendo essa distância, moveu a mão sobre sua perna, de modo que a sombra da mão lhe acariciasse a coxa.

— Sabe quanto tempo faz que eu estive a esta distância de uma mulher?

Ela permaneceu absolutamente imóvel, sem expressar nada, olhando para além dele, para a praia, onde duas crianças tentavam em vão empinar um papagaio de papel no ar parado. Ele moveu a mão e sua sombra subiu pela perna dela, na direção da cintura, sobre seu estômago. A música acabou e agora só se ouvia a pulsação longínqua da arrebentação.

— Se um homem deseja muito a mulher, ela também o deseja — disse ele.

A cada palavra, a sombra se movia alguns milímetros, tão devagar que parecia imóvel.

— Às vezes isso é verdade. Nem sempre.

A sombra se moveu sobre seus seios, para sua garganta.

— Não precisa ser verdade sempre. Só agora.

— Às vezes, quando a mulher sabe que um homem a quer, isso a leva a desprezá-lo — disse ela. — Outras vezes, sim, isso a faz querer entregar-se a ele, porque ela não suporta pensar em toda aquela dor, toda aquela ânsia. É muito assustador. Por isso, a fraqueza dele se torna uma espécie de força, e toda a força da mulher se transforma em fraqueza. Talvez um dia seja diferente. Talvez nesse dia uma mulher veja um homem em algum lugar e o deseje. Mas por enquanto ela tem de ser desejada, tem de saber o quanto ele a deseja.

A sombra da mão caía sobre o rosto dela. Ele aproximou a mão, tocou seu cabelo, empurrando-o de volta sobre uma orelha.

— E agora? Você sabe o quanto eu desejo você?

Ele pegou os óculos escuros dela, tirou-os de seu rosto e com uma das hastes traçou uma linha que desceu por sua face e percorreu seus lábios. Ela semicerrou os olhos na claridade e ele pôs os óculos, com cuidado, sobre a mesa ao lado dela.

— Não.

— O que posso fazer? Posso lhe dizer como eu vejo você agora? Talvez eu pudesse lhe falar sobre seus tornozelos e suas canelas, suas pernas... Se eu fosse pintor — disse, numa má imitação de um sotaque inglês, com gestos exagerados —, poderia desenhar seus seios, seu cabelo. A maneira como o sol bate em seu pescoço...

— Não — ela sorriu de volta, aliviada por ainda haver espaço para riso.

— Ou o que eu quero fazer com você. Como eu quero segurar você nos braços e beijar seu pescoço. Como eu quero...

Ela balançou a cabeça.

— Isso não basta.

— Mas, se eu pudesse lhe dizer, você escutaria?

— Sim.

— Você escutaria eu dizer a você o quanto a quero?

— Sim.

Cada um deles sustentou o olhar do outro, até que ele estendeu a mão para baixo, abriu o estojo e rapidamente montou o sax alto, movendo os dedos depressa sobre as chaves. Atrás dele, perto do mar, ela viu as crianças tentando empinar o papagaio de novo. As primeiras notas que ele tocou saíram tão suaves que mal eram ouvidas sobre o barulho da arrebentação às suas costas. Depois, o som cresceu e se afastou das ondas como o papagaio vermelho que ela via por cima dos ombros dele. Ele tocava de olhos fechados, e ela viu o papagaio flutuar no ar quente, esvoaçando numa brisa tão débil que parecia insuficiente para mantê-lo no ar, preso a fios tão finos que eram invisíveis. Daí a minutos, o papagaio tinha subido bem alto, com uma longa rabiola se agitando devagar atrás dele.

Ele abriu os olhos por um momento, viu-a dominada pelo transe da música e fechou os olhos de novo, tocando alto, chamando-a com a música, a lembrança de seu rosto vívida para ele... Abriu os olhos outra vez, consciente de que alguma coisa ainda não estava certa numa passagem em que já tropeçara várias vezes antes. Suas mãos insistiam em ser atraídas para um grupo de notas que ele sabia não serem as certas para ela — fáceis demais, óbvias demais. Ainda assim, ele estava chegando lá, a canção estava se formando em torno dela e logo se ajustaria a ela tão bem quanto seu vestido predileto. Olhou para as fotos na parede, pôs o sax na cama de baixo, com a cabeça se enchendo com os ruídos do cárcere, de metal contra metal. Voltou a caminhar de um lado para o outro na cela. Olhou para a folhinha, pegou o saxofone como se ele fosse a chave da prisão, tocando notas longas que procuravam encher a cela com o espaço da praia e do céu, a luz e as ondas entrando ali de roldão.

— Ei, por que você parou, Art? — perguntou Egg na cama de cima. Essa está ótima... Muito bonita.

— É, vai ser uma canção bonita.

— É sobre o quê? Como se chama?

— Não sei, cara. É sobre uma pessoa que eu ainda nem conheço, sobre como vão ser as coisas quando eu sair daqui. Como, quem sabe, elas vão ser.

— Bonito, cara.

— Não está certa ainda. Não é ela ainda.

— Bem, essa pessoa me parece fenomenal. Toque mais, Art...

— Certo. O que quer ouvir?

— Qualquer coisa, cara, uma balada, uma coisa que conte uma história, uma coisa macia, macia como aquela xota linda em que vou pôr as mãos no momento em que eu sair daqui, dentro de exatamente duzentos e dez dias e meio.

— Cara, a única xota em que um negro safado como você vai pôr as mãos tem rabo e garras, uma xota de cadela.

— Uma xota de cadela, essa é muito boa, cara. Acho que você devia escrever uma música chamada "Blues da xota da cadela". Rá-rá-rá. E eu vou querer uma porcentagem por ter dado o título.

— Cara, tocar para você é um desperdício, Egg...

— Não, estou brincando, cara, é uma música bonita, muito mesmo, cara. De verdade. Sabe, quando você estiver fora daqui e tocar uma dessas coisas bonitas no rádio e o sujeito disser que era Art Pepper tocando, não sei mais o quê, uma música com nome de mulher, eu vou dizer ao pessoal: gente, eu fui o primeiro a ouvir isso, ele escreveu quando a gente estava junto no xadrez.

— Claro, Egg — disse Art, sorrindo e indo até a mesinha de metal onde Egg tinha deixado seus cigarros. Havia um baralho ao lado. Ele bateu o maço para tirar um cigarro e cortou o baralho. Ás de ouros: um papagaio vermelho numa janela de céu branco.

Na prisão de San Quentin, os uniformes cinzentos o faziam sentir-se um ator representando cenas da vida de Art Pepper. Guardas em torres de concreto, holofotes, fuzis, cães. A constante possibilidade de violência. Paredes cinzentas, filas para comer, o ruído de mil homens comendo a mesma comida em pratos de plástico.

Alguém lhe diz que Cagney* é o santo padroeiro dos presos. Às vezes sua sensação de autodefinição cinematográfica é tão forte que ele se imagina em Alcatraz. A Rocha.

Está espairecendo no pátio de exercícios, em pé ao lado de um grupinho de pretos. Os muros projetam no pátio uma fronteira de sombra que avança de forma quase imperceptível, uma lenta ocupação do fulgor do dia.

— Esse é o lance da prisão — diz uma voz à sua direita. — Mesmo quando você está fora, está dentro.

Ele se vira para ver o sujeito que lhe falou. É um negro que ele já viu antes, um sujeito de quem as pessoas têm medo, com quem ninguém se mete. A pele se encharcando de sol, olhos fuzilando na claridade. Art não cruza o olhar com o dele.

— Você é Art Pepper.

— Certo.

— O músico.

— Isso.

— Alto. O grande sax alto.

— Talvez.

— E drogado.

— Também.

O negro olha para Art, para um rosto que nada revela, tentando descobrir onde se escondeu seu espírito. Olha para os olhos que já começam a mostrar os sinais cinzentos de derrota.

— Ouvi você tocar algumas vezes.

— Em Los Angeles?

---

* James Cagney (1899-1986), ator americano, famoso por viver tipos durões em dezenas de filmes policiais, sobretudo nas décadas de 1930 e 1940. (N. T.)

— Foi. Tocava muito bem.
— Obrigado.
— Para um branco.

Olha firme para Art ao dizer isso, mas o rosto de Art nada revela, nem medo, nem desafio ou orgulho, nada. A essa altura, seu corpo se tornara uma espécie de cela. Anos de prisão o levaram a desenvolver um jeito de sempre se esconder, de forma que, se ele viesse a ser cortado com uma faca, ela não atingiria seus órgãos vitais. Seu rosto é tão inexpressivo como os muros da prisão. Aquela expressão é a melhor maneira de ser deixado em paz. Anos mais tarde, sua música haverá de adquirir algo dessa autoproteção, sempre cercada por sua própria perfeição. Daí em diante tudo o que ele tocar sofrerá a influência da prisão e do que aprendeu lá.

— Sente falta de tocar?
— Sinto.
— Há quanto tempo?

Art balança a cabeça, quase sorri.

O negro conversa com um magrela com cabeleira afro que atravessa o pátio. Minutos depois, volta com um sax alto de aspecto meio gasto. O primeiro negro o pega e entrega a Art.

— Leve a gente numa viagem.
— Faz um ano que não pego num instrumento.
— Então chegou a hora.
— Não sei se vou conseguir tocar.
— Você consegue.

O sax está aninhado em seus braços. Ele o segura na vertical, sentindo as chaves baterem nos botões do uniforme de presidiário. A sombra já chegou perto dele, e Art sai do sol para a sombra. Depois de executar algumas escalas, começa a tocar uma melodia simples, uma música que conhece bem, mediante a qual possa se exercitar, acostumar-se ao bocal, ao dedilhado. Toca devagar.

Alguns sujeitos perto dele estalam os dedos. Ele vê um pé se movendo ligeiramente no pátio ofuscante.

Durante alguns minutos, toca só a melodia, e depois começa a se afastar dela, com cautela no começo, com o cuidado de não se perder. Ouve alguém dizer seu nome, tem consciência de que cada vez mais gente no pátio está prestando atenção, o alarido de vozes se reduz. Há uma ordem espacial na maneira como os presos se espalham no pátio. Embora ele ainda esteja tocando a melodia, é como se aos poucos ela se confinasse e houvesse menos margem para se mover, até que tudo que ela pode fazer é gritar, dilacerando-se como alguém que batesse a cabeça nas paredes de uma cela.

Um dos presos murmura que aquilo é como escutar o espírito de um homem lhe ser tirado à força de pancadas. A seu lado, um negro idoso balança a cabeça:

— Não, ele vai se libertar.

Após um turbilhão de notas contorcidas, tem-se a impressão de que não há para onde o solo se encaminhar. Ninguém se mexe, os presos ficam onde estão, cercando-o como se ele fosse um pugilista que, atirado à lona, se esforça para clarear a cabeça. Cuspindo notas confusas como dentes quebrados, preparando-se para se pôr de pé na escada da contagem do árbitro. Escutando-o, os presos sabem que a música dele trata de alguma coisa que não é superior a dignidade, amor-próprio, orgulho ou amor, mas que é mais profunda do que esses valores, mais profunda do que o espírito: a simples capacidade de recuperação do corpo. Daí a anos, quando seu corpo se tiver tornado um reservatório inexaurível de dor, Art se lembrará da lição desse dia: se puder ficar de pé, poderá tocar, e, se puder tocar, tocará maravilhosamente.

Por alguns momentos, hesita, esquecido do que está tocando, agarrando-se ao oitavo e ao nono degraus da contagem. A seguir, mobilizando tudo, busca a nota mais alta, alcança-a — por um triz — e ela cresce, clara. No ponto máximo desse salto, antes que a gravidade se reimponha, há um momento de completa imponderabilidade — radiante, clara, serena — antes que ele caia de novo, deslizando num arco esplêndido, aquietando-se no gemido profundo do blues. E os presos se dão conta de que era disso que a música tratava o tempo todo — um sonho de queda.

Ao terminar, está suando. Faz um gesto de afirmação com a cabeça, tão de leve que mais parece uma contração contida. A seu redor, reina o silêncio da atenção dos presos. Não só dos presos. Há também um silêncio cinzento dos guardas, observando. Uma batida de quatro por quatro marcada por um cassetete na palma calejada de uma mão. Biqueiras de sapatos, concreto, o ruído surdo de brita esmagada. Daí a pouco nem mesmo isso.

Nenhum aplauso. Cada segundo parece ser o momento que antecede a primeira batida de palma contra palma, mas em vez disso há essa longa pausa, esticada insuportavelmente como um precipício que, na verdade, não existe. Todos estão, agora, conscientes do silêncio no pátio, do silvo de uma máquina na oficina da prisão. Conscientes também de que esse silêncio exprime o prazer causado pela música, por um ato de vontade coletiva, de que sempre haverá uma dignidade inelutável no silêncio; conscientes da facilidade com que uma exclamação ou um grito podem destruí-lo. O silêncio é também visível, capturado no tempo. Ninguém se move porque, para haver silêncio num lugar daqueles, o tempo tem de parar. Alguma coisa tem de acontecer para quebrar o silêncio, para liberar o tempo de novo. Os guardas sentem a tensão crescente de um momento acumulado sobre outro como uma barricada improvisada: tentar ultrapassá-lo pode significar incitação à balbúrdia. Por isso esperam. O silêncio queima lentamente; quanto mais durar, mais violenta será sua erupção final em barulho. Do silêncio ao estrondo de metal, de gritos e de chamas. O estalido da trava de segurança de um fuzil bastaria para incitá-lo, atuando como o primeiro tique-taque hesitante de um relógio voltando à vida, liberando a passagem do tempo. O silêncio é como um horizonte que se expande lentamente, uma visão da distância, tornando os muros dessa prisão desimportantes e mesquinhos. Sem ser notado, o diretor da prisão deixou seu gabinete e está em pé na sombra.

O corpo dos presos forma um mapa, e os contornos de seus olhares definem o vulto pálido que respira sem ruído, embalando nos braços o oxidado sax alto, levando a mão à boca enquanto limpa a garganta.

Em 1977, ele faz sua primeira apresentação em Nova York, no Vanguard. Está com 52 anos e toca em meio a um pântano de dor que o deixa agarrando-se ao saxofone como a uma muleta. Pontadas de fogo viscerais, dores que vêm e que passam, sepultando-se a tal profundidade que há sempre em seu corpo um vago entorpecimento.

Anos antes, era comum ele dar consigo pensando sobre o que estava tocando, tomando consciência de sua própria técnica, e, embora isso desviasse a atenção, também tranquilizava, porque significava que entre esses episódios de conscientização ele estivera simplesmente tocando — e tocava melhor quanto menos pensava no que estava fazendo. A partir de certo ponto, tocar se tornava uma amnésia radical quanto à técnica. Agora, no que ele sabe serem os últimos anos de sua vida, é capaz de absorver-se de forma tão total na música que perde, rotineiramente, toda noção de si mesmo, toca além e acima de si mesmo de forma quase automática. Cada nota constituía um esforço para a consolação do blues, e mesmo as frases mais simples cortavam o coração como um grandioso réquiem. Ele sabia disso e tinha quase certeza de uma coisa que, durante muito tempo, havia pensado, suspeitado e esperado: não, ele não havia prodigalizado seu talento por se arruinar como fazia, porque, como artista, sua fraqueza lhe era essencial: na sua música, era uma fonte de força.

Em junho, Laurie providenciou uma entrevista com o psiquiatra-chefe do hospital em cujo programa de metadona Art estava inscrito. A história do jazz moderno era uma história de músicos que acabavam em lugares como esse; a brancura das paredes e dos jalecos como negação do mundo penumbroso e noturno da música. Mesmo enquanto o médico fala, Art esquece o que ele diz. Era como adormecer por alguns segundos a cada minuto ou quase isso, ou como se alguns períodos fossem eliminados do tempo. Não vinha dormindo de noite, e agora era como se o ritmo diurno do tempo tivesse se acelerado, e ele alternava entre alguns minutos de consciência e trinta segundos de sono. Intermitência. Coca, heroína, metadona, álcool — cerca de quatro litros de vinho barato por dia, o corpo enfim desmoronando sob o abuso a que ele o submetera. Doenças e cirurgias lhe haviam causado mutilação e cicatrizes: o baço se rompera e fora retirado, e ele passara por pneumonia, uma hérnia abdominal, havia algo de errado com o fígado, o estômago estava todo ferido e inchado como...

— Como o quê, sr. Pepper?

— Sabe aqueles sacos pretos de lixo? Como um saco desses quando arrebenta e a porcariada começa a sair pelo buraco.

O médico tira os óculos, olha o cabelo cortado rente no alto da testa, os olhos que nada exprimem, nem mesmo autocomiseração ou dor. Estudando o rosto maltratado, o médico pensa que aquilo era uma coisa que acontece a todos os drogados: chega um momento em que o rosto de repente parece desabar, eles começam a parecer muito idosos. Não que pareçam ter apenas alguns anos a mais do que têm, mas sim cem: na verdade, começam a parecer imortais.

Quase levado por um reflexo condicionado, Pepper examina a sala em busca de armários onde possa haver comprimidos, vidros de cápsulas, frascos de pós. O médico não está chegando a lugar nenhum com suas perguntas, que têm de ser cada vez mais simples para provocar qualquer tipo de resposta; ao que parece, quase tudo está fora de seu alcance ou sepultado numa profundidade tão grande que não há como chegar lá. Depois de 45 minutos, as perguntas se tornaram tão simples que quase não são mais perguntas.

— Sr. Pepper, em que mês estamos?

Ele pensa sobre a temperatura lá fora, lembra-se de que estava quente, agradável, céus azuis e diáfanos, mas então não tem certeza se isso não era uma lembrança de outra lembrança de muito tempo antes. É tentado a dar um palpite — abril —, mas, quando a palavra já se formava em sua língua, ele muda de ideia.

— Março?

O médico faz uma pausa e começa a fazer outra pergunta, quando é interrompido por uma tosse de Art.

— Acertei essa? — ele ri. O médico poderia facilmente irritar-se com a voz mole e drogada desse homem. Era como se ele não quisesse se dar ao trabalho de articular as palavras para ajudar a si próprio. Quer que façam tudo para ele.

— Como se chama o presidente dos Estados Unidos?

Segue-se uma longa pausa, preenchida pelo chocalhar empoeirado de persianas brancas quando a brisa entra pela janela.

— Essa é difícil — diz Pepper, dirigindo o olhar à mesa, para o caso de a resposta estar escondida ali, rabiscada no bloco de notas ou sob o peso de vidro que lhe devolve um reflexo deformado de seu próprio rosto, com um olho gigantesco. Nomes de presidentes passam por sua cabeça, um após o outro, mas tão depressa, como um bando de passarinhos, que ele não consegue concentrar-se em nenhum. Sabe a resposta vagamente, mas não consegue ser específico. O médico espera e observa, fascinado com os caprichos vagarosos dos pensamentos desse homem, e aí, por uma curiosa empatia, vê sua própria mente vagueando e por um instante fica inseguro quanto à resposta à sua própria pergunta. Esse homem, reflete o médico ao se sentir de novo confiante com relação ao nome do presidente, está totalmente obcecado por si mesmo; é como se não pudesse se lembrar porque não consegue se interessar por coisa alguma além de seus próprios sentimentos, e tão forte é esse autocentramento que o médico, em vez de sentir repulsa por tamanho egocentrismo — porque se trata de algo que vai além disso —, se sente, por assim dizer, sugado para o vácuo dessa indiferença por tudo o que não seja ele próprio.

Colegas lhe disseram que esse homem é um grande músico, um artista, e o médico fica imaginando que tipo de música — que tipo de arte — será essa, capaz de elevar um homem tão banal ao píncaro da grandeza. Jazz — ele deixa a palavra vaguear por sua cabeça durante alguns momentos, e então, tapando a boca com o punho para tossir, fixa o olhar no homem diante dele e diz:

— Sr. Pepper, será que o senhor poderia dizer o que o jazz significa... Quero dizer, para o senhor, pessoalmente.

— Para mim?

— Sim.

— Eu, ah... Acho... Bird, Hawk, Train, Pres...

Ele murmura essas palavras sem sentido para si mesmo, como uma espécie de mantra. O médico olha para ele com mais atenção, indeciso, sem saber se essa sequência aleatória de nomes é de fato uma tentativa de transmitir informações.

— Pode explicar?

— E outros caras também, acho. Ei, acabo de lembrar o nome do presidente, é Pres, Lester. Lester Young.

O médico olha para ele fixamente e resmunga alguma coisa, agora convicto de que quaisquer novos esforços de sua parte serão inúteis: o homem vive, para todos os efeitos, num transe de obtusidade.

A entrevista se encerra com o médico empurrando a cadeira para trás, sobre um linóleo silencioso, juntando papéis com ar formal, como se apertasse mãos numa sala da diretoria. Ele explica algumas coisas para a mulher, que esteve sentada muito quieta, sorrindo de vez em quando, como se o fato de seu marido não saber em que mês estavam fosse a coisa mais natural no mundo. Nesse meio-tempo, o próprio paciente retomou, como um zumbi, seu exame da sala.

O médico faz anotações em seu bloco, e entre elas, numa caligrafia intencionalmente mais difícil de decifrar que de costume, um bilhete para si mesmo, para não esquecer: procurar alguns discos que esse homem gravou.

— Onde é mesmo que vamos tocar, Duke? — perguntou Harry, já perto da cidade, enquanto esperavam que o sinal abrisse.

— Não faço ideia, Harry. Pensei que você soubesse. Só sei o nome da cidade.

— Ih, Duke... Não acredito! Fizemos isso outra vez!

— Vá em frente. Talvez a gente veja um cartaz ou encontre um dos caras.

Passaram por outdoors e conjuntos habitacionais, por linhas férreas e por ruas sombrias, com bares nada convidativos. Diante de garagens, bandeiras vermelhas e azuis tremulavam em saudação. Sinais de trânsito balançavam sob um céu de dimensões continentais.

Era uma cidade deteriorada, cheirando a poeira, com fábricas tristes. A maioria dos letreiros que encontravam dizia "Fechado" ou "Aluga-se". Depois de dez minutos procurando um cartaz numa parede, Harry parou o carro diante de uma lanchonete de entrada cor de prata e entrou para perguntar. Muitas vezes, no passado, quando um deles supunha, erroneamente, que o outro sabia a lo-

calização de onde iriam tocar, perguntavam em lugares como esse se alguém sabia onde Duke Ellington tocaria naquela noite. Em geral alguém sabia — às vezes alguém o reconhecia —, mas com frequência alguns clientes balançavam a cabeça devagar: "Duke o quê?". Essa cidade parecia ser uma dessas, pensou Duke, ao ver o vulto alto de Harry sumir na lanchonete.

Enquanto esperava, Duke virou o retrovisor para se examinar, ver as bolsas de canguru sob os olhos e a barba que fazia sua aparição diária em torno do queixo. Daí a trinta minutos, uma hora no máximo, estariam num hotel, com tempo para algumas horas de sono e para comer alguma coisa, depois a apresentação e a nova viagem. Se tivesse oportunidade, tiraria uma hora para trabalhar nessa obra nova sobre a qual vinha refletindo desde que ligara o rádio de madrugada. Nada do que escrevia terminava como havia começado, mas ele já tinha alguma ideia sobre os caras nos quais poderia basear a composição — Pres, Monk, talvez Coleman Hawkins ou Mingus — e o tipo de coisa que poderia tentar fazer. Saber como começar, com quem começar, essa era a parte difícil. Ele vinha repassando possibilidades, mas ninguém — nem Bird, Pres ou Hawk — dava realmente à música a base de que ele precisava. Levado por um impulso, resolveu que trabalharia ao acaso, ligando o rádio e começando com o que estivesse tocando naquele momento. Afinal de contas, ele tinha tirado a ideia do rádio, e, se não fosse alguma coisa de que gostasse, poderia deixá-la de lado e tentar de novo, continuando a passar de uma estação para outra até aparecer a pessoa certa. Era uma ideia amalucada, mas, que diabos, iria tentar. Imaginando quem seria, ele virou o botão e reconheceu de imediato os compassos iniciais de "Caravan". Olhou para o espelho e viu a resposta, sorridente e cansada, olhando para ele. Mais um instante e viu Harry, que também sorria, saindo da lanchonete e vindo para o carro.

— Duke, cidade completamente errada...

Posfácio
Tradição, influência e inovação

1

Em seu livro *Real Presences*, George Steiner pede aos leitores que "imaginem uma sociedade em que seja proibida toda conversa sobre as artes, a música e a literatura".[1] Em tal sociedade não haveria ensaios que discutissem se Hamlet era louco ou se apenas fingia, nem críticas das mais recentes exposições de arte e de obras literárias ou ainda perfis de escritores e artistas plásticos. Não haveria nenhum debate secundário — que dirá terciário: comentários sobre comentários. Teríamos, em vez disso, uma "república para escritores e leitores" sem nenhuma intermediação, por parte de formadores de opinião profissionais, entre os criadores e o público. Hoje em dia os jornais de domingo substituem a visita à exposição ou a leitura do livro, mas, na república imaginada por Steiner, as páginas de crítica seriam transformadas em listagens:

1. George Steiner, *Real Presences*. Chicago: Chicago University Press, 1989, p. 4. [Ed. port.: *Presenças reais: As artes do sentido*. Lisboa: Presença, 1993.]

catálogos e guias do que está para ser inaugurado, publicado ou distribuído.

Como seria essa república? As artes seriam prejudicadas pela obliteração dessa camada de ozônio que são os comentários? Claro que não, diz Steiner, pois cada execução de uma sinfonia de Mahler (para nos atermos, por ora, ao terreno predileto do próprio Steiner) é também uma crítica dessa sinfonia. Ao contrário do crítico, porém, o executante "investe seu próprio ser no processo interpretativo".[2] Sua interpretação é, em si mesma, um ato de *responsabilidade*, pois o executante responde pelo trabalho numa medida nem de longe semelhante à que está sujeito o crítico mais consciencioso.

Obviamente, porém, isso não se dá somente no caso do teatro e da música. Toda forma de arte é também uma forma de crítica. Isso ocorre com a máxima clareza quando um escritor ou compositor cita ou reelabora material de outro escritor ou compositor. Toda obra literária, musical e visual "*encarna uma reflexão expositiva ou um juízo de valor em relação à tradição e ao contexto a que pertence*" (grifo meu).[3] Em outras palavras, não é somente em suas cartas, ensaios ou conversas que escritores como Henry James mostram ser também excelentes críticos. E o próprio romance *Retrato de uma senhora*, de James, entre outras coisas, comenta e critica *Middlemarch*, de George Eliot. "As melhores leituras de arte são arte."[4]

Contudo, logo depois de evocar essa república imaginária, Steiner suspira: "A fantasia que delineei não passa disso".[5] Bem, não é verdade. Esse lugar realmente existe, e durante grande par-

---

2. Ibid., p. 8.
3. Ibid., p. 11.
4. Ibid., p. 17.
5. Ibid., p. 21.

te do século XX proporcionou um lar sem fronteiras nacionais para milhões de pessoas. E seu nome é simples: estamos falando da república do jazz.

O jazz, todos sabem, surgiu do blues. Desde o começo, desenvolveu-se graças ao espírito de grupo que existia entre plateias e executantes. Na década de 1930, aqueles que, como Charlie Parker, iam ouvir Lester Young e Coleman Hawkins em Kansas City, tinham oportunidade de tocar com eles em jam sessions na manhã seguinte. Miles Davis e Max Roach fizeram seu aprendizado, primeiro, escutando Parker e, depois, tocando com ele no Minton's e em casas noturnas da rua 52, encontrando nesse processo seus próprios caminhos. Por sua vez, John Coltrane, Herbie Hancock, Jackie McLean e dezenas de outros que vieram a ser os mestres de muitos dos principais músicos das décadas de 1970 e 1980 aprenderam seu ofício, como disse McLean, "na universidade de Miles Davis".[6]

Como o jazz continuou a evoluir assim, permaneceu em contato único e exclusivo com a força animadora de suas raízes. De vez em quando, em seus solos, um saxofonista pode citar outros músicos, mas toda vez que pega seu instrumento não pode evitar comentar, automática e implicitamente, mesmo que apenas por meio de suas próprias deficiências, o passado musical recebido em herança. No pior dos casos, não se tem mais que uma simples repetição (aquelas infindáveis imitações de Coltrane); às vezes esse comentário leva à exploração de possibilidades antes só abordadas de passagem. No melhor dos casos, ele expande as possibilidades da forma.

6. Citado por A. B. Spellman, *Four Lives in the Bebop Business*. Nova York: Limelight, 1985, p. 209.

Com frequência, o foco desses esforços é uma de várias melodias que têm servido, em toda a história do jazz, como temas para improvisação. Muitas vezes essas melodias têm origens pouco promissoras como canções populares. Por outro lado, às vezes composições originais se tornam standards (em que outro meio expressivo um clássico seria um standard? Imaginem obras de Tolstói publicadas em coleções de romances populares). É provável que todos os músicos de jazz no mundo já tenham tocado "Round Midnight", de Thelonious Monk. Cada versão subsequente testa a música, verifica se ainda há alguma coisa a ser feita com ela. As versões sucessivas resultam naquilo que Steiner chama de uma "súmula da crítica na prática".[7] Nenhuma outra forma de arte investiga com mais voracidade a famosa distinção, feita por T. S. Eliot, entre "o que morreu" e "o que já está vivo".[8]

Idealmente, uma nova versão de uma velha canção é praticamente uma recomposição, e essa relação instável entre composição e improvisação é uma das fontes da constante capacidade de renovação do jazz. Escrevendo sobre a sonata para piano "Appassionata", op. 57, de Beethoven, Theodor Adorno observa que "faz sentido pensar que o que primeiro ocorreu a Beethoven não foi o tema principal, como aparece na exposição, e sim sua variante crucial, na coda, e que ele, por assim dizer, derivou, retroativamente, o tema principal de sua variação".[9] Algo muito semelhante ocorre com frequência no jazz: no decorrer de um solo, um músico executa momentaneamente, e quase por acidente, uma frase que pode tornar-se a base de uma nova composição, que

---

7. Steiner, op. cit., p. 20.
8. T. S. Eliot, "Tradition and the Individual Talent", *Selected Prose*. Nova York: Harcourt, Brace, 1975, p. 44.
9. Theodor Adorno, *Aesthetic Theory*. Londres: Routledge & Kegan Paul, 1984, p. 249. [Ed. port.: *Teoria estética*. Lisboa: Edições 70, 1970.]

também servirá de tema para improvisação — e esses solos podem, por sua vez, gerar outra frase que será desenvolvida numa composição. Os músicos de Duke Ellington viviam resmungando que um fragmento musical que haviam incluído num solo tinha sido notado por Duke e transformado numa música publicada como sendo de sua autoria — embora se apressassem a admitir que só uma pessoa com o gênio de Duke poderia apreender o potencial daquele fragmento e aproveitá-lo tão bem como ele.

Como Ellington é a mais fértil das fontes, podemos começar com ele para dar um exemplo mais explícito da forma como a música proporciona o melhor comentário sobre si mesma. Ellington escreveu "Take the Coltrane" para o grande instrumentista do sax tenor; "Open Letter to Duke", de Mingus, é um ensaio musical sobre Ellington; a essa composição se seguiu "Charlie M", do Art Ensemble of Chicago. Pode-se afirmar quase com certeza que, no futuro, essa cadeia será ampliada com uma homenagem ao saxofonista "Joseph J", do Art Ensemble, ou com uma "Open Letter to Roscoe" (Mitchell).

Esse tipo de jogo de salão poderia não ter fim, usando-se vários nomes como ponto de partida. Thelonious Monk e Louis Armstrong são pontos iniciais especialmente férteis, mas há centenas de músicos para os quais foram escritas uma ou duas músicas. Se traçássemos linhas que ligassem os títulos de todas as músicas já compostas numa espécie de fluxograma das homenagens e tributos, o papel logo ficaria impenetravelmente negro, e o sentido do diagrama seria obscurecido pela quantidade de informações que ele transmitiria.

O processo de "crítica na prática" na criação musical ocorre também, embora de maneira menos explícita, na evolução estilística de cada músico de jazz. Ter um som e um estilo inconfundíveis e próprios é um pré-requisito para que um jazzista deixe seu nome na história. Nessa área, como tantas vezes ocorre no jazz, dá-se um aparente paradoxo: para terem um som pessoal, os músicos começam tentando tocar como outro. Relembrando o começo de sua carreira, Dizzy Gillespie disse: "Cada músico se baseia em alguém que veio antes, e por fim você reúne uma quantidade suficiente de suas próprias coisas em seu jeito de tocar, e aí você tem um estilo só seu".[10] Miles Davis, por sua vez, tentou imitar o som de Dizzy, e inúmeros trompetistas depois dele — mais recentemente, Wynton Marsalis — procuraram imitar Miles. Muitas vezes os músicos chegam a um som próprio por falta de opção. Ouçamos Dizzy de novo: "Tudo o que eu fiz foi tentar tocar como [Roy Eldridge], mas nunca consegui fazer isso direito. Eu ficava todo atrapalhado porque não conseguia repetir aquilo. Por isso tentei outra coisa, o que acabou sendo chamado de *bop*".[11] O som solitário e de beleza arrepiante de Miles surgiu como resultado de sua incapacidade de sustentar os saltos no registro agudo que eram a marca registrada de Dizzy.

São duas as formas, aparentemente contraditórias, como a voz do antecessor se faz ouvir. Algumas personalidades musicais são tão fortes, estão de tal forma associadas a certo som, que colonizam toda uma área de expressão, e outras só podem ocupá-la ao preço de abrir mão de sua individualidade. A personalidade de um músico pode impregnar de tal modo um dado estilo que só pareça possível imitar aquele estilo, mas nunca absorvê-lo ou transcendê-lo de modo satisfatório. Hoje é quase impossível um trompetista tocar uma balada com a surdina Harmon e não parecer estar imitando Miles Davis.

Por outro lado, há também casos raros de músicos que as-

---

10. Citado em Ira Gitler, *Swing to Bop: An Oral History of the Transition in Jazz in the 1940s*. Nova York: Oxford University Press, 1985, p. 56.
11. Citado em Nat Shapiro e Nat Hentoff, *Hear Me Talkin' to Ya*. Nova York: Dover Press, 1955, p. 347.

similam a tal ponto suas influências predominantes que às vezes parecem, como disse Harold Bloom, referindo-se a certos poetas, "alcançar um estilo que adquire e, curiosamente, mantém uma prioridade em relação a seus precursores, de modo que a tirania do tempo quase se inverte, e pode-se acreditar, em momentos desnorteantes, que eles estão sendo *imitados por seus ancestrais*" (grifo do original).[12] É frequente que Lester Young pareça ter uma dívida com saxofonistas como Stan Getz, que, na verdade, devem muito a ele. Às vezes, somos levados a imaginar que Bill Evans toca de forma muito semelhante à de Keith Jarrett no início da carreira.[13]

Devido à sua forma de execução, o jazz oferece mais oportunidades para esse tipo de comparação do que qualquer outra forma de arte. A linha que separa um concerto de jazz e uma jam session sempre foi nebulosa (uma orquestra para uma gravação em estúdio muitas vezes é reunida na última hora, e até grupos "com nome" são variáveis e efêmeros, raramente exigindo a dedicação exclusiva de qualquer um de seus membros), e no decurso de um mesmo ano muitos desses músicos tocarão juntos em muitos formatos: duos, trios, quartetos, orquestras. No pior dos casos, essa diversificação fica clara na turnê de um astro do jazz que contrata uma nova seção rítmica em cada cidade onde se apresenta; por outro lado, um contrabaixista garante uma agenda de trabalho cheia porque é possível contar com ele para proporcionar um apoio eficiente, ainda que pouco criativo, com um mínimo de tempo de ensaios. Entretanto, a grande vantagem desse estilo flexível de emprego é que as vozes individuais do jazz

---

12. Harold Bloom, *The Anxiety of Influence*. Nova York: Oxford University Press, 1973, p. 141. [Ed. port.: *Angústia da influência: Uma teoria da poesia*. Lisboa: Cotovia, 1991.]
13. Cf. Bloom referindo-se a Wallace Stevens e John Ashbery, ibid., p. 142.

são ouvidas juntas num número quase infinito de permutações, cada qual dando ensejo a um novo som coletivo. Como seria Gerry Mulligan e Monk tocando juntos? Ou Coltrane e Monk? Duke Ellington e Coleman Hawkins? Johnny Dyani e Don Cherry? Don Cherry e John Coltrane? Art Pepper com a seção rítmica de Miles Davis? Sonny Rollins com a de Coltrane? Basta ouvir as gravações para sabermos.[14] Cada combinação permite uma apreensão mais nítida das qualidades particulares de cada músico (sobretudo num disco como *Tenor Madness*, quando Coltrane e Rollins, com trinta e 27 anos, respectivamente, parecem quase idênticos — com todas as diferenças que esse "quase" deixa subentendidas).

Quando as combinações envolvem não coetâneos, mas sim músicos de diferentes épocas, os resultados talvez sejam mais fascinantes ainda: Ellington e Coltrane; Ellington com Mingus e Roach; Milt Hinton e Branford Marsalis. Também estão documentados em gravações muitos encontros em que mestre e discípulo — pai e filho no caso de Von e Chico Freeman — se juntam de novo em pé de igualdade: Coleman Hawkins e Sonny Rollins, Ben Webster e Hawkins, Dizzy e Miles.

Um dos procedimentos convencionais da crítica literária consiste em justapor textos de diferentes autores a fim de destacar as qualidades particulares e os méritos relativos de cada um deles. No jazz, a longa lista de apresentações conjuntas faz com que essa função esteja incorporada ao crescente catálogo da música. O desempenho de um dado intérprete responde a certas

---

14. O número de encontros entre músicos diferentes entre si é grande, mas, é claro, são muitas as colaborações musicais que gostaríamos que tivessem ocorrido mas que não ocorreram: Pharoah Sanders com Johnny Dyani, Dyani e Jarrett, Art Pepper e Jarrett... Contudo, a produção desses músicos está tão amplamente documentada que não é difícil imaginar como tais encontros *poderiam* ter sido. Uma tarefa para a tecnologia do futuro?

perguntas (sobre os músicos com quem ele está tocando ou que vieram antes, sobre sua relação com a tradição viva) e ao mesmo tempo suscita outras perguntas (sobre o que ele está fazendo, sobre seu próprio valor, sobre a forma como está trabalhando); os músicos com quem ele trabalha e que vêm depois dele proporcionarão respostas provisórias, mas essas respostas também são perguntas — sobre o valor *desses* músicos e sobre a relação *deles* com a tradição. Num tipo de elaborada respiração circular crítica, a forma está sempre se explicando e sendo questionada — ao mesmo tempo.

Como a própria música realiza tantas tarefas em geral deixadas a cargo de comentaristas, não surpreende que a contribuição dos críticos para o jazz tenha sido relativamente insignificante. É claro que existem críticos de jazz e revistas de jazz. Historicamente, porém, o que se escreve sobre jazz tem sido de qualidade tão baixa, o fracasso na transmissão de qualquer sensação de dinâmica interna tem sido tão evidente que se torna irrelevante, a não ser — e foi exatamente isso o que Steiner imaginou — na medida em que informa fatos: quem tocou com quem, em que data foi feita determinada gravação etc. Eliminar a tradição ocidental de crítica literária ou de arte seria destruir grande parte de nosso capital cultural (não teríamos o texto de Berger sobre Picasso, ou o de Benjamin sobre Baudelaire). Por outro lado, tudo o que se escreveu sobre jazz, com exceção de memórias de músicos e de um ou outro romance inspirado no jazz (*Coming Through Slaughter*, de Michael Ondaatje, é uma obra-prima),* poderia se perder sem causar nenhum dano, a não ser o mais superficial, à herança da música.[15]

---

* Ed. bras.: *Buddy Bolden's Blues*. Trad. de Paulo Henriques Britto. São Paulo: Companhia das Letras, 2001. (N.T.)
15. Podem ser poucos os textos de primeira qualidade sobre o jazz, mas poucas

2

Apesar do que foi dito antes, o jazz é tudo menos uma forma hermética. O que o torna uma forma vital de arte é sua espantosa capacidade de absorver a história de que faz parte. Se não sobrevivesse nenhum outro documento, é provável que um computador do futuro pudesse reconstruir toda a história da cultura negra nos Estados Unidos a partir do catálogo de jazz. Não estou sequer pensando em obras programáticas como *Black, Brown and Beige*, de Duke Ellington, concebida como uma metáfora musical à história dos afro-americanos, "Attica Blues" ou "Malcolm, Malcolm, Semper Malcolm", de Archie Shepp, "Prayer for Passive Resistance", de Mingus, ou *Freedom Now Suite*, de Max Roach. Refiro-me ao fenômeno em geral, ao modelo sugerido pela observação de Adorno segundo a qual "não é à toa que entre as grandes inovações da era de Descartes se inclui o timbre comovente do violino".[16] Analisando o texto de Adorno, Fredric Jameson comenta que "com efeito, no decorrer de sua longa linhagem, o violino

---

formas de arte têm sido tão bem servidas por fotógrafos. De fato, as fotografias de músicos de jazz são, praticamente, a única documentação fotográfica que temos de pessoas empenhadas na criação real de arte. Não pretendo com isso dizer que atores, cantores ou músicos clássicos não sejam artistas, mas, por mais inovadores ou originais que sejam, o trabalho que realizam é essencialmente interpretativo. É claro que há fotos de compositores ao piano, de pintores com seu cavalete, de escritores à sua mesa, mas essas fotos são quase sempre posadas, com a mesa, o cavalete ou o piano atuando mais como adereço do que como instrumento. Uma fotografia de um músico de jazz em plena ação pode nos levar tão perto do ato — ou da essência vicária — da criação artística quanto a fotografia de um atleta pode nos aproximar do ato — ou da essência vicária — da corrida.

16. Citado por Fredric Jameson, *Marxism and Form*. Princeton: Princeton University Press, 1971, p. 14. [Ed. bras.: *Marxismo e forma*. Trad. de Iumma Maria Simon, Ismail Xavier e Fernando Oliboni. São Paulo: Hucitec, 1985.]

preserva essa estreita identificação com o surgimento da subjetividade individual".[17] Adorno se referia ao período a partir do século XVII, mas suas palavras são igualmente aplicáveis à identificação do trompete com o surgimento da consciência negra nos Estados Unidos durante o século XX, de Louis Armstrong a Miles Davis. A partir da década de 1940, a essa identificação do trompete se contrapôs e, em seguida, se sobrepôs, a afirmação do saxofone. Segundo Ornette Coleman, "as melhores declarações dos negros a respeito de sua alma foram feitas no saxofone tenor".[18]

Embora Coleman esteja fazendo aqui uma distinção básica entre o saxofone tenor e o alto, sua afirmativa também é válida no caso da distinção maior entre o sax tenor e outros meios de expressão: a literatura, a pintura. Isso é importante porque a capacidade do jazz para absorver a história que o cerca é acompanhada por sua capacidade de elevar ao nível de genialidade pessoas que de outra forma não teriam outro meio de se expressarem. O jazz, como observa Eric Hobsbawm, "conseguiu atrair uma reserva de artistas em potencial mais ampla do que qualquer outra arte em nosso século".[19] Ellington era também um talentoso pintor, mas muitos outros gigantes do jazz dependiam, em seu trabalho, exatamente daquelas características e idiossincrasias que teriam dificultado seu avanço em outras artes. Todos os traços de personalidade que tornavam a música de Mingus ousada e imprevisível fizeram com que o texto de sua autobiografia, *Saindo da sarjeta*, fosse desleixado e tolo. Não havia nele nada de um escriturário, e

---

17. Ibid., p. 14.
18. Citado em Spellman, op., cit, p. 102.
19. Eric J. Hobsbawm, *The Jazz Scene*. Nova York: Pantheon, 1993; publicado originalmente sob o pseudônimo Francis Newton em 1959, p. 219. [Ed. bras.: *História social do jazz*. Trad. de Angela Noronha. São Paulo: Paz e Terra, 2011, p. 287.]

todos os escritores precisam de um pouco da meticulosidade de um escriturário, do detalhismo do revisor de texto. "Louis Armstrong sem o trompete é um homem bastante limitado", observa Hobsbawm. "Com o seu trompete, ele fala com a precisão e a compaixão de um anjo."[20] Em que outra forma de arte poderia um homem como Art Pepper alcançar o nível de beleza que atingiu?

A referência a Pepper vem a propósito, uma vez que ela nos recorda que o jazz não é exclusivamente (embora o seja em primeira instância) um meio de expressão negra (como indica o título de *Black, Brown and Beige*, de Ellington, e como o Movimento Nacionalista Negro o demonstra em negativo, a história dos americanos negros se acha entrelaçada de maneira indissolúvel com a história da América branca). O *bandleader* branco Stan Kenton ampliou ainda mais os termos do debate, escutando no jazz o potencial para expressar o espírito angustiado da época:

> Creio que hoje a raça humana está passando por coisas que nunca conheceu antes, tipos de frustração nervosa e transtornos de desenvolvimento emocional que a música tradicional é totalmente incapaz de não só satisfazer, como nem sequer de expressar. É por isso que acredito que o jazz é a música nova que surgiu bem a tempo.[21]

Já que alguém poderá dizer que há algo de interesseiro nas palavras de Kenton — uma publicidade tácita de sua própria música —, podemos ouvir outra pessoa, de considerável autoridade e que não tinha nenhum interesse musical a defender. Em 1964, o dr. Martin Luther King, Jr. fez o discurso de abertura do Festival de Jazz de Berlim, sendo que sua presença ali tinha por finalidade lembrar que a luta dos negros pelos direitos civis encon-

---

20. Ibid., p. 219.
21. Citado em Shapiro e Hentoff, op. cit., p. 385.

trava paralelo na luta dos músicos negros de jazz para terem sua arte reconhecida como tal. Em sua fala, King destacou o papel desempenhado pela música no sentido de articular o sofrimento, as esperanças e as alegrias da experiência negra muito antes que a tarefa fosse assumida por escritores e poetas. O jazz não só era central na vida dos negros, prosseguiu, como "há na luta específica do negro na América algo que é semelhante à luta universal do homem moderno".
Esse é um vínculo vital. Uma vez estabelecido, o jazz se torna uma forma de arte representativa não só de um povo como, implicitamente, de um século, uma forma de arte que exprime não só a condição do negro americano como também uma condição da história.

3

No meio de uma vida longa ou no fim de uma curta...

Ióssif Bródski

A observação de King nos induz a procurar entender por que uma sensação de perigo — de risco — está presente na história do jazz.
Todos aqueles que vêm a se interessar pelo jazz logo se dão conta da elevada taxa de morte prematura de seus praticantes. Mesmo alguém que não se interesse muito por jazz terá ouvido falar de Chet Baker, que se tornou o arquétipo do jazzista maldito, servindo a ruína de seu rosto, um dia belo, como uma conveniente expressão da relação simbiótica do jazz e das drogas. É claro que inúmeros músicos de jazz negros — e alguns brancos —, com dotes bem maiores que os de Chet, tiveram uma vida infinita-

mente mais trágica (afinal de contas, Chet pôde viver nas águas de sua própria lenda).[22]

Quase todos os músicos negros sofreram discriminação racial e maus-tratos (Art Blakey, Miles Davis e Bud Powell foram espancados pela polícia). Enquanto músicos como Coleman Hawkins e Lester Young, na década de 1930, acabaram alcoólatras, a geração dos que fizeram a revolução do *bebop* na década de 1940 e consolidaram seu desenvolvimento na de 1950 sucumbiram a uma verdadeira epidemia de dependência de heroína. Muitos acabaram se recuperando — Rollins, Miles, Jackie McLean, Coltrane, Art Blakey —, mas a lista dos que nunca se viciaram constituiria um rol de talento muito menos expressivo que o dos drogados. Os tóxicos levaram muitos desses músicos à prisão — tanto diretamente (no caso de Art Pepper, Jackie McLean, Elvin Jones, Frank Morgan, Rollins, Hampton Hawes, Chet Baker, Red Rodney, Gerry Mulligan e outros) quanto indiretamente (nos casos de Stan Getz, que foi preso assaltando uma loja, e de Thelonious Monk, que não era o dono do papelote de heroína). O caminho para os pavilhões psiquiátricos de hospitais, embora muito mais tortuoso, também era bastante palmilhado. Monk, Mingus, Young, Powell, Roach — foram tantas as figuras mais destacadas das décadas de 1940 e 1950 que sofreram algum tipo de transtorno mental que é apenas um pouco de exagero dizer que o Hospital Bellevue de Nova York tem quase o mesmo direito do Birdland de afirmar ser o berço do jazz moderno.

Os estudiosos de literatura veem rotineiramente na morte precoce de Shelley e de Keats, aquele com trinta, este com 26 anos de idade, o cumprimento do destino imposto pelo desespe-

---

22. Ver, por exemplo, o relato de Spellman sobre Herbie Nichols, em op. cit., pp. 153-77; ou as cartas de Joe "King" Oliver a sua irmã em Shapiro e Hentoff, op. cit., pp. 186-7.

ro do romantismo. Também em Schubert vemos o protótipo por excelência do talento romântico, que se consome no mesmo instante que floresce. No caso dos três, a ideia subjacente é da morte prematura como condição necessária para a criatividade. Eles pressentiam que o tempo se escoava e que o talento tinha de florir em poucos e breves anos, em vez de amadurecer ao longo de três décadas.

No caso dos músicos de jazz da era do *bebop*, chegar à meia-idade começou a parecer um sonho de longevidade. John Coltrane morreu aos quarenta anos, Charlie Parker, aos 34, e, perto do fim da vida, ambos disseram que musicalmente não sabiam aonde ir em seguida. Muitos outros morreram ou no auge de seus recursos ou antes que o pleno potencial de seu talento se concretizasse. Lee Morgan morreu aos 33 anos (baleado quando tocava numa casa noturna), Sonny Criss se matou quando estava com 39, Oscar Pettiford morreu aos 27, Eric Dolphy, aos 36, Fats Navarro, aos 26, Booker Little e Jimmy Blanton, aos 23.

Em alguns casos, eram músicos de tão grande talento que ao morrer já haviam acumulado uma obra de considerável importância — porém mesmo isso acentua dolorosamente o quanto poderiam ter feito nos anos vindouros. Clifford Brown já se firmara como um dos grandes trompetistas de todos os tempos ao morrer num acidente de automóvel, com 25 anos (junto com o pianista Richie Powell, irmão de Bud). Quando se pensa que, se Miles Davis tivesse morrido com essa mesma idade, não teria nada a deixar senão *The Birth of Cool*, tem-se uma ideia da escala dessas perdas.

Em vista do estilo de vida — bebida, drogas, segregação, viagens exaustivas, uma jornada de trabalho massacrante —, seria de esperar um prognóstico de vida um pouco menor que o de alguém de vida mais tranquila. No entanto, os estragos sofridos pelos músicos de jazz eram de tal monta que às vezes as pessoas se perguntam se não há outra coisa, alguma coisa na própria forma de música, que cobra um preço extorsivo daqueles que a criam. Que o trabalho dos expressionistas abstratos de alguma forma os impelia à autodestruição — Rothko cortando os pulsos sobre a tela, Pollock, bêbado, lançando o carro contra uma árvore — é um lugar-comum da história da arte. Na literatura do mesmo período, a ideia de que alguma lógica inexorável na poesia de Sylvia Plath a levou ao suicídio, ou a de que a loucura de Robert Lowell e John Berryman constituía — para usarmos o título do estudo do fenômeno por Jeremy Reed — "o preço da poesia", são convincentemente familiares. A despeito do que pensemos sobre essas ideias, o expressionismo abstrato e a poesia "confessional" são apenas interlúdios na escala de tempo maior da pintura e da poesia modernas. O que dizer, então, do jazz, que, desde o momento de sua criação, ao que parece, tem devastado aqueles que o praticam? Considerado por todos o primeiro jazzista, Buddy Bolden enlouqueceu durante um desfile e passou os últimos 24 anos de sua vida num hospício. "Bolden ficou doido", disse Jelly Roll Morton, "porque na realidade botou os miolos para fora através do trompete".[23]

Se à primeira vista parece melodramático insinuar que haja algo de inerentemente perigoso no jazz, é provável que uma breve reflexão nos leve a imaginar como as coisas poderiam ser diferentes. "Só há uma maneira de essa música andar, e é para a frente." A observação de Dizzy Gillespie poderia ter sido feita em qualquer época durante o século xx, mas da década de 1940 em diante o jazz avançou com a força e o furor de um incêndio numa floresta. Como uma forma de arte poderia ter se desenvolvido tão depressa e com tal nível de entusiasmo sem cobrar um alto preço

---

23. Citado por Alan Lomax, *Mr. Jelly Roll*. Berkeley: University of California Press, 1950, p. 60.

humano? Se o jazz apresenta um vínculo vital com "a luta universal do homem moderno", como poderiam os homens que o criam não portar as cicatrizes dessa luta?

Uma das razões pelas quais o jazz evoluiu tão depressa foi que os músicos eram obrigados, pelo menos para ter uma renda decorosa, a tocar diariamente, fazendo dois ou três shows por noite, seis ou sete noites por semana. Não só a tocar, mas também improvisar, inventando ao mesmo tempo que tocavam. Isso tem alguns resultados que parecem contraditórios. Durante dez anos, Rilke esperou que o sopro de inspiração que o levou a começar as *Elegias de Duíno* tomasse conta dele de novo para que pudesse terminá-las. Para os músicos de jazz, está fora de cogitação esperar que baixe a inspiração. Inspirados ou não, eles têm de fazer música. Então, paradoxalmente, a obrigação de improvisar todos os dias, seja em estúdios de gravação, seja em clubes noturnos, leva músicos cansados a não correr riscos, a confiar em fórmulas testadas e aprovadas.[24]

No entanto, a exigência de constante improvisação faz com que os músicos de jazz se mantenham num estado de constante alerta criativo, de disposição habitual para inventar. Numa noite qualquer, a música executada por certo integrante de um quarteto pode ser dinâmica o suficiente para estimular o desempenho do resto do grupo até que um frêmito recíproco passe tanto pela plateia quanto pelo conjunto: de repente a música começa a *acontecer*. Além disso, as condições de trabalho dos músicos de jazz têm feito com que uma vasta quantidade de material esteja disponível para ser gravada (a cada ano são gravadas dezenas de

---

24. Cf. Ted Gioia, *The Imperfect Art*. Nova York: Oxford University Press, 1988, p. 128.

execuções, antes desconhecidas, de seguidores de Coltrane e Mingus). Grande parte desse material se revela apenas sofrível depois de ouvido algumas vezes — mas mesmo assim é de impressionar o fato de, na média, o nível ser bastante elevado. Ou, antes, pois o corolário dessa observação é crucial, impressiona o alto nível dos padrões gerados por essa música, a rapidez com que o ouvinte se torna indiferente a qualquer coisa que não tenha a marca de grandeza.

A emoção criada pelo jazz quando está acontecendo é tão inequivocamente diferente de quando o grupo está apenas tocando por tocar que partes inteiras do catálogo do jazz (e muitas apresentações ao vivo) empalidecem em comparação. Saber disso — sentir essa emoção — impõe aos músicos de jazz uma escalada íngreme e intimidante, sobretudo quando muito daquilo que constitui a grandeza no jazz se situa além do limite da técnica; sobretudo quando, como todos os músicos concordam, eles têm de pôr todo o seu ser no que estão tocando, quando a música depende da vivência deles, do que eles têm a oferecer como pessoas. "A música é sua própria experiência, seus pensamentos, seu conhecimento", disse Charlie Parker. "Se você não a viver, ela não vai sair de seu instrumento."[25] Muitos músicos da era do *bebop* — o melhor exemplo é Rod Rodney — passaram a usar heroína na esperança de que ela os pusesse em contato com aquilo a que Charlie Parker, um velho usuário, recorria para manter sua capacidade de invenção musical aparentemente ilimitada. Era uma situação semelhante à que existe hoje no atletismo, em que os competidores utilizam drogas que aumentam o desempenho porque os padrões de sua modalidade parecem exceder o que pode ser obtido sem a ajuda de fármacos.

---

25. Citado em Shapiro e Hentoff, op. cit., p. 405.

Na década de 1950, vários músicos jovens descobriram que muitas inovações de Parker estavam ao alcance deles. Tão abundante era o potencial expressivo desencadeado por Parker que tornar-se fluente no idioma que ele criara bastava para firmar a reputação de um jazzista. Essa situação ocorre em todas as artes: na pintura, o potencial do cubismo foi suficiente para elevar a qualidade do trabalho de muitos pintores a um nível acima daquele que conseguiriam atingir caso precisassem encontrar um estilo mediante esforço próprio. Além disso, os músicos que ganharam proeminência num primeiro momento eram como Johnny Griffin, que exibiam as peculiaridades do *bebop* — no caso de Griffin, a velocidade — de forma mais acentuada do que os que se afastaram daquele estilo.[26]

Perto do fim da década de 1950, entretanto, a capacidade do *bebop* para alimentar suas próprias crias chegou ao fim, quando o jazz mais uma vez entrou num período de rápida transição. Antes disso, como observa Ted Gioia, os jazzistas se satisfaziam em dar uma contribuição à música, descobrindo seu som pessoal no instrumento que tinham escolhido. Em 1960, os músicos começaram a falar como se fossem responsáveis pela música como um todo — não só por seu passado, pela tradição, mas também por seu futuro.[27] O amanhã se tornou a Questão, o que importava era a Forma do Jazz por Vir. A década de 1960 assistiu a uma nova complicação da situação, com o surgimento de duas correntes. Os jazzistas começaram a achar que estavam fazendo recuar as fronteiras da música numa tentativa de torná-la cada vez mais expressiva. "Eu vivi mais do que posso expressar em termos

---

26. Cf. Adorno escrevendo sobre Pissarro na época do impressionismo, em op. cit., p. 36.
27. Cf. Ted Gioia, op. cit., p. 72.

de *bebop*",²⁸ disse Albert Ayler, cuja música quebrou a espinha da tradição jazzística. Talvez não estivesse muito claro para onde eles estavam realmente tentando levar a música — pois a outra tendência na década de 1960 foi os músicos se deixarem levar pela energia acumulada da produção musical cada vez mais espontânea.

A nova música — como veio a ser chamada — parecia encaminhar-se sempre para um grito, como se tivesse introjetado o perigo que no passado estivera presente na produção do jazz. Quando o movimento pelos direitos civis deu lugar ao Poder Negro e os guetos americanos explodiram em distúrbios, foi como se toda a energia, a violência e a esperança do momento histórico se canalizasse para a música. Ao mesmo tempo, a música tornou-se menos um teste de musicalidade ou, como no *bebop*, de experiência, e mais um teste da alma, da capacidade do saxofone de arrancar o espírito de dentro para fora. Ao falar sobre um novo membro de sua banda, Pharoah Sanders, Coltrane destacou não o modo como ele tocava, e sim sua "imensa reserva espiritual. Ele está sempre em busca da verdade. Está tentando deixar que seu eu espiritual seja seu guia".²⁹

4

Não admira que o nome de Coltrane surja neste ponto. Todas as correntes mencionadas acima podem ser *ouvidas* convergindo para ele. A sensação de perigo que é inerente e inevitável

---

28. Citado em Nat Hentoff, "The Truth is Marching in: An Interview with Albert and Don Ayler". *Downbeat*, 17 de novembro de 1966, p. 40.
29. Citado por Nat Hentoff nos comentários na capa do disco *Live at the Village Vanguard*, de John Coltrane (Impulse).

na evolução do jazz se torna audível em Coltrane. Dos primeiros anos da década de 1960 até sua morte, em 1967, Coltrane tocou como se estivesse, ao mesmo tempo, incitando sua música a avançar e sendo subjugado por ela. Era um consumado músico de *bebop* que se esforçava, constantemente, em se libertar dos limites das formas existentes. Durante os cinco anos em que existiu, o clássico quarteto formado por Coltrane, Elvin Jones, Jimmy Garrison e McCoy Tyner — a maior relação criativa entre quatro homens que já existiu — levou o jazz a um grau de expressividade que raras vezes foi superado por qualquer outra forma de arte. É Coltrane que comanda, mas ele depende inteiramente da seção rítmica, que não só o acompanha em suas improvisações labirínticas, com uma reatividade em frações de segundo, como o obriga a esforços mais intensos. Uma exploração extremada do potencial da forma não parece adequada para conter a força e a intensidade do espírito do homem em quem a música se origina. Em suas últimas gravações, ouvimos o quarteto passar por um sofrimento no limite do tolerável, uma forma musical superdesenvolvida sendo levada ao ponto sem volta (Coltrane, como veremos, não parou ali).

Um álbum fundamental de Coltrane em sua ascensão musical do espírito, *A Love Supreme*, termina com um longo sonho de imanência, a busca de uma conclusão que deixa o tenor flutuando como fumaça sobre a seção rítmica. *First Meditations (for Quartet)*, um long-play gravado seis meses depois, em maio de 1965, *começa* com esse mesmo desejo de fim: o quarteto não tem para onde ir, mas ainda assim eles forçam o avanço. Um lado inteiro do disco é um doloroso discurso de despedida, com os quatro integrantes do quarteto dizendo adeus: uns aos outros, à coesão entre eles, à ideia do quarteto como forma capaz de coibir o espírito irrefreável de Coltrane.

Há uma beleza angustiante em *First Meditations (for Quar-*

tet) e no semelhante *Sun Ship* (agosto de 1965), e isso fica patente desde a primeira audição. Não percebi toda a extensão dessa angústia até escutar Pharoah Sanders tocando "Living Space" (gravado originalmente por Coltrane em fevereiro de 1966) num dueto com o pianista William Henderson. Embora menos cru, o som de Pharoah tem toda a intensidade e a paixão do de Coltrane, mas é sereno de uma forma como Coltrane nunca foi em seus últimos anos. Fiquei me perguntando o motivo disso (afinal, na verdade a crítica é apenas uma tentativa de articular nossas próprias emoções) e logo percebi que a razão tinha a ver com Elvin Jones. À medida que o quarteto evoluía, seu som passou a ser dominado cada vez mais por algo que, em essência, eram batalhas entre Coltrane e Jones, cuja bateria é como uma onda que jamais quebra de todo, que nunca para de quebrar. Já em 1961, no fim de "Spiritual", o soprano parece na iminência de ser afogado pelo peso da bateria, mas logo surge de novo, livrando-se do tsunami de percussão que estoura sobre ele. Na época de *Sun Ship*, e sobretudo em "Dearly Beloved" e "Attaining", Jones se mostra tomado de um ímpeto homicida: parece impossível ao saxofone sobreviver à pancadaria dos tambores. Coltrane está na cruz, Jones está martelando os cravos. A prece se transforma em gritos. Se Jones parece demonstrar que quer destruí-lo, é porque Coltrane decerto queria — precisava — que ele tentasse. Na verdade, Coltrane queria que Jones fosse até mais adiante, e durante algum tempo se bateu com dois bateristas: Jones e Rashied Ali, que ostensivamente era ainda mais violento. As últimas gravações de Coltrane foram duetos com Ali, mas a relação deste com Coltrane não passa a mesma ideia de compulsão implacável como a de Jones.

Em várias ocasiões, Coltrane tinha utilizado músicos como Eric Dolphy para suplementar o som essencial do quarteto. A partir de 1965, passou a acrescentar continuamente músicos adicionais, ampliando o quarteto e chegando a uma densidade sonora quase impenetrável, rejeitando a versão do quarteto para *First Meditations* em favor de uma versão mais extrema que incluía Pharoah Sanders e Rashied Ali. Inseguros com relação a qual poderia ser a contribuição deles nesse formato, Tyner e Elvin Jones deixaram o grupo: o primeiro, em dezembro de 1965, e Jones três meses depois. "Às vezes eu não conseguia ouvir o que estava fazendo... Na verdade, não ouvia o que ninguém estava fazendo!", disse Jones. "Eu só ouvia uma balbúrdia. Eu não sentia nada em relação à música e, quando não sinto, não gosto de tocar."[30]

Em grande parte da fase final de Coltrane (quando o grupo básico era formado por Garrison, Ali, Sanders e Alice Coltrane no piano), há pouca beleza, mas muitas coisas terríveis. É uma música concebida e mais bem ouvida in extremis. Enquanto as preocupações de Coltrane se tornavam cada vez mais religiosas, a maior parte de sua música apresenta uma paisagem violenta, carregada de caos e gritos. É como se ele tentasse fazer a música absorver toda a violência de sua época a fim de deixar o mundo mais pacífico. Só ocasionalmente, como na pungente e melancólica "Peace on Earth", ele parece enfim capaz de participar da placidez que tinha esperado criar.

5

À medida que o free jazz se desintegrava em algo que parecia cada vez mais barulheira e cada vez menos música, seu público diminuía e um número crescente de músicos se bandeava para o jazz-rock. Depois da década de 1970, que muitos consideram a

---

30. Citado por Val Wilmer em *As Serious as Your Life*. Nova York: Serpent's Tail, 1992, p. 42.

idade das trevas do *fusion*, nos anos 1980 assistiu-se a uma retomada de interesse, por parte de uma nova geração de músicos e ouvintes, pelo jazz derivado do *bop*. O jazz nunca será uma música de massa, e a vida de seus praticantes ainda é precária do ponto de vista financeiro, mas o perigo que acompanhou a criação do *bebop* e que a nova música introjetou na década de 1960 não existe mais. Uma vez que aquela intensa sensação de risco era inerente à emoção do jazz, isso significa que a música também perdeu parte de sua força vitalizante? Qual é a situação atual do jazz?

Comparado com as outras formas de música existentes, o jazz hoje é demasiado sofisticado para tornar-se porta-voz da vivência do gueto. O hip-hop faz isso melhor. Embora o jazz fosse a música que melhor expressava o ritmo sincopado de Nova York, agora a cidade se movimenta ao ritmo da *house music*. Enquanto os beats, os *hipsters* e os negros brancos de Mailer eram atraídos instintivamente para o jazz como música de rebelião, o jazz é, cada vez mais, uma forma de música a que as pessoas chegam depois de se enfastiarem com a banalidade da música pop. Para a nova geração de músicos britânicos negros, o jazz tem o status do que Roland Kirk chamava de música clássica negra.

As circunstâncias em que o jazz é tocado também mudaram. Se bem que algumas casas — em Nova York, o Village Vanguard é o melhor exemplo, e o Knitting Factory é mais recente — se dediquem inteiramente à música, evitando pompas dispendiosas e deixando a cargo da plateia e dos músicos gerar o clima, o *supper club*, de decoração suntuosa, tem cada vez mais se tornado a norma. Às vezes, uma política de "discrição" significa que os músicos não precisam competir com um excesso de conversas nas mesas para se fazerem ouvir, mas é frequente que boa parte da plateia veja o jazz como fundo envolvente para um jantar de luxo. Isso é lamentável, pois muitos músicos que tocam nessas casas são profissionais de elevado nível técnico. David Murray e Arthur

Blythe parecem capazes de fazer de tudo no sax tenor e no alto, respectivamente; Charlie Haden e Fred Hopkins estão entre os maiores contrabaixistas de todos os tempos; Tony Wiliams e Jack DeJohnette podem ser incluídos entre os maiores bateristas; John Hicks e William Henderson são pianistas fantásticos.

No entanto, mesmo com esse elevado nível de excelência técnica, é improvável que o jazz volte um dia a provocar tanta empolgação como nos tempos de Parker ou Coltrane. O estilo "lençóis de som" de Coltrane ainda exerce poderosa influência, e um número imenso de jovens saxofonistas é capaz de executar velozes solos de dez minutos à maneira de Coltrane — mas com quase nada da emoção que caracteriza tanto o mestre como seus discípulos mais notáveis, como Pharoah Sanders. Ouvindo-os, somos tentados, mesmo quando bem impressionados, a reagir como Lester Young: "Tudo bem, cara... Mas você pode cantar uma canção para mim?".

Talvez seja por isso que se dá tanta atenção ao *bebop* e suas variantes. Por mais bem executadas que sejam, falta às versões modernas do *bebop* a sensação de novidade presente em cada nota da música de Parker e Gillespie. O *bebop* se tornou uma música engessada, uma música cuja sintaxe, em relação à que lhe sucedeu, é tão simples como a de uma frase como "O menino quebrou a vidraça com a bola". Até a década de 1940, ninguém atirava bolas em janelas daquele jeito, e era empolgante ouvir músicos fazendo aquilo mil vezes. O ato em si já não fascina. O que torna o *bebop* interessante ainda hoje é observar a força com que a bola é arremessada, ver em quantos pedaços a vidraça se partiu. Atualmente, na melhor das hipóteses, o *bebop* nos deixa contemplando cacos de vidro dançando no ar ou lembrando o gracioso arco descrito pela bola. No caso de uma canção lenta, a bola é atirada com tanta suavidade que a vidraça treme mas permanece intata.

* * *

A longa sombra de Coltrane e a questão do que ainda pode ser dito no idioma do *bebop* fazem parte de uma dúvida maior com que os jazzistas se defrontam na atualidade: ainda resta algo de novo e importante a fazer?[31] Embora o jazz mal tenha completado um século, sua rápida evolução faz com que tanto o público quanto os músicos tenham a mesma sensação de haver chegado muito atrasados à tradição. Pouco importa que, segundo Bloom, chamemos essa sensação de "a angústia da influência" ou que a generalizemos ainda mais, incluindo-a na condição pós-moderna: o importante é que atualmente o jazz está inelutavelmente concentrado em sua própria tradição. Com efeito, a visão do crítico de artes plásticas Robert Hughes — "um presente com raízes contínuas na história, onde cada ação de um artista é julgada pelo tribunal infatigável dos mortos" — é tão endêmica para os músicos de jazz de hoje quanto é hostil aos artistas plásticos contemporâneos (o que Hughes lastima profundamente).[32]

Enquanto o jazz da rebelde década de 1960 se dedicou a romper com a tradição, o da neoclássica década de 1980 se concentrou em afirmá-la. No entanto, essa distinção corre o risco de desmoronar assim que é feita. Como sua tradição é de inovação e improvisação, pode-se argumentar que o jazz nunca é mais tradicional do que quando ousadamente iconoclasta. O jazz, a forma de arte mais dedicada a seu passado, sempre foi o mais vanguardista, de modo que a obra mais radical é, muitas vezes, ao mesmo tempo a mais tradicional (a música de Ornette Coleman, proposta e entendida como nada menos que a Mudança do Século, esta-

---

31. Cf. Bloom, op. cit., p. 148.
32. Robert Hughes, *Nothing If Not Critical*. Nova York: Alfred A. Knopf, 1990, p. 402.

va encharcada do blues que ele ouvia em Fort Worth, onde cresceu). De um modo ou de outro, o revivalismo de qualquer espécie está condenado — ele contradiz um dos princípios vitalizadores da música —, mas o desenvolvimento do jazz agora depende de sua capacidade de absorver o passado, e a música mais ousada é, cada vez mais, a que se dispõe a abeberar-se de maneira mais profunda e mais ampla na tradição. Nesse sentido, é significativo que, se no passado muitos músicos davam suas contribuições mais importantes e inovadoras na juventude, os jazzistas mais inovadores de nossa época estão chegando aos quarenta. O jazz ainda era uma música jovem quando Bird e Diz a revolucionaram; agora o jazz entrou na meia-idade, e o mesmo aconteceu com seus representantes mais destacados.

Lester Bowie e Henry Threadgill, por exemplo. Durante anos o Art Ensemble of Chicago, do qual Bowie é um dos fundadores, exaltou sua fidelidade à "Grande Música Negra — da Antiga à Futura", e o trabalho recente de Bowie com o Brass Fantasy, de um experimentalismo menos ostensivo, segue à risca essa orientação, embora com despreocupação. O trompete de Bowie cobre toda a história do instrumento, desde Louis Armstrong; com base em materiais que vão de Billie Holiday a Sade, ele se deleita tanto com músicas pop contemporâneas quanto com a liberdade expressiva proporcionada por seu trabalho com o Art Ensemble. O pastiche resultante consegue ser ao mesmo tempo reverente e indisciplinado — Serious Fun, ou Humor Sério, como Bowie o chamou — ao passar, no espaço de uma única nota, de emoção contida para risadas, portamentos e uivos. Também isso está de acordo com a tradição: um bom solo faz sorrir os demais membros do grupo, um grande solo os leva às gargalhadas.

Os desempenhos virtuosísticos de Bowie partem de Armstrong, o homem que fez do jazz uma arte de solistas; Threadgill volta a um passado mais distante, a uma Nova Orleans pré-Armstrong, quando o som coletivo era mais importante que tudo. Uma sucessão de solos produz em geral picos de empolgação, mas no caso de Threadgill os solos não são mais privilegiados do que os duetos, os trios ou os trechos de todo o conjunto, e a textura do som muda constantemente entre as diferentes combinações da instrumentação inusitada do sexteto: bateria e violoncelo, violoncelo e baixo, bateria e bateria, bateria e trompete, trompete, baixo e violoncelo. Tão complexas e densas são suas composições que o som resultante parece dever tanto à vanguarda das escolas de música quanto à tradição jazzística.

Se Threadgill e Bowie encarnam uma certa relação com a tradição — relação moldada em larga medida pelo envolvimento deles com a Associação para o Desenvolvimento de Músicos Criativos (AACM) de Chicago —, outra relação, igualmente poderosa, é personificada pelos irmãos Marsalis — Wynton e Branford. A partir da década de 1950, o jazz evoluiu num ritmo frenético: mal se percebiam as possibilidades de uma dada inovação, a música já corria para outro lado. Por isso há um considerável potencial na exploração de caminhos que, para todos os efeitos, já foram trilhados, e é isso que Wynton e Branford vêm fazendo. Wynton não tem um som só seu e, pelo menos até *The Majesty of the Blues* (um projeto mais experimental), formalmente ele não estava desbravando novos terrenos, mas sim usando o trabalho — e o som — de Dizzy e Miles e levando-o um ponto além do que eles tinham podido fazer, incorporando toda sorte de possibilidades técnicas (como os rosnados e portamentos de Bowie) que só surgiram depois do apogeu do *bop*.

Do ponto de vista técnico, Wynton Marsalis deve ser um dos melhores trompetistas que já existiram, e quando se apresenta ao vivo ele nunca é menos que arrebatador. Embora eu não concorde com a crítica que se costuma fazer, de que está somente repetindo o que já foi feito, ainda assim algumas dúvidas surgem quando ouço virtuosos como Marsalis e Jon Faddis (que leva o trabalho de Dizzy no registro agudo ao que parece ser seu limite biológico). Observei antes que o jazz se desenvolveu de tal maneira que, no processo de responder, ele ao mesmo tempo levantava novas perguntas. Faddis e os irmãos Marsalis estão dando respostas notavelmente articuladas; e não estão suscitando muitas perguntas.

Uma terceira tendência, relacionada às duas anteriormente descritas, mas diferente delas, pode ser vista no trabalho de músicos que ganharam proeminência como instrumentistas no âmbito *"free"* ou *"energy"* e que agora estão retornando a formas mais tradicionais. Pessoas como David Murray e Archie Shepp não tiveram de lutar por liberdade musical como aconteceu com Coltrane (Murray tinha doze anos quando Coltrane morreu); esses músicos herdaram o amplo espaço expressivo do free jazz do mesmo modo que Coltrane herdou o formato do *bebop*. Agora, como parte de seu *desenvolvimento* musical, Murray e Shepp reverteram a formas mais rígidas, investindo nelas com toda a intensidade de seus anos de energia e explosão. Certa vez Roland Kirk disse, mordaz, que uma pessoa não podia valorizar a liberdade se não tivesse conhecido a prisão. Grande parte do melhor jazz dos últimos anos é menos uma renúncia à liberdade do que uma forma de melhor apreciá-la.

O melhor jazz do fim da década de 1980 tocou em aspectos dessa instável linha de contiguidade entre as três formas de se reportar ao passado, e nenhum grupo exemplificou isso melhor do que The Leaders, um conjunto de elite formado por Lester Bowie, Arthur Blythe, Chico Freeman, Don Moye, Kirk Lightsey e Cecil McBee. Se toda a história do jazz fosse condensada e transformada num disco, o resultado provável seria um som muito parecido com o do Leaders.

A integração da música de diferentes épocas foi acompanhada por uma tendência, também profunda, de integrar a música de diferentes regiões geográficas. Na década de 1960, os jazzistas incorporaram à sua música cada vez mais ritmos — e instrumentos — orientais e africanos explícitos. O jazz latino e o africano são hoje estilos firmemente estabelecidos, mas parte da fertilização musical cruzada mais pessoal e inventiva ainda vem de pessoas como Pharoah Sanders e Don Cherry, que estiveram entre os primeiros a buscar inspiração na música não ocidental (ouçam o blues oriental "Japan", no álbum *Tauhid*, de Sanders, 1967). Cherry, sobretudo, parece ser capaz de reter uma porção assombrosa da música mundial em seu contínuo desenvolvimento criativo. Embora tenha construído sua reputação, na área do free jazz, como trompetista no quarteto de Ornette Coleman, é exímio em vários instrumentos e se sente igualmente à vontade em qualquer ambiente musical, do reggae à música étnica do Mali ou do Brasil. Dirigida por um antigo colaborador de Cherry, o baixista Charlie Haden, a Liberation Music Orchestra, talvez a mais notável *big band* do mundo, embora não tenha existência permanente, recorre a canções da Guerra Civil Espanhola e a hinos revolucionários para produzir uma música que, embora impregnada do espírito de improvisação da vanguarda, ainda é fiel ao espírito de suas fontes.

Alguns dos exemplos mais interessantes de jazz são encontrados hoje nas periferias da forma, onde, com alguma espécie de sentido limitador, dificilmente caberia chamá-los de jazz. Nos interstícios da música mundial, o jazz aparece como uma força determinante em mutáveis combinações multivalentes. Um disco fundamental nesse sentido foi *Grazing Dreams*, do qual participaram, entre outros, Collin Walcott, Jan Garbarek e, é claro, Don Cherry. *Shakti*, com o violinista indiano Lakshminarayanan Shankar, Zakir Hussain na tabla e o guitarrista John McLaughlin, propôs perspectivas desbravadoras. Rabih Abou-Khalil, de Beirute, tocador de alaúde, produziu meia dúzia de álbuns de difícil categorização, combinando as tradições do jazz e da música árabe, ao lado de instrumentistas como Charlie Mariano, que, musicalmente, se sentem à vontade em qualquer país do mundo. (Cabe fazer uma referência especial também às notáveis gravações que Mariano fez com o cantor R. A. Ramamani e o Karnataka College of Percussion.) Outro famoso tocador de *oud*, o tunisiano Anouar Brahem, pode ser ouvido numa colaboração meditativa com Jan Garbarek no excelente disco *Madar*. É bem possível que essa venha a ser a mais fecunda e criativa área de exploração no futuro.

Muitas dessas colaborações foram gravadas na Europa, sobretudo na Alemanha. Aliás, muitas vezes a Europa parece mais disposta a oferecer uma plateia receptiva a músicos americanos do que a criar seus próprios talentos. Na verdade, a Grã-Bretanha — para estreitarmos nosso foco por um momento — tem produzido dezenas de músicos influentes, que nada ficam a dever aos melhores instrumentistas do mundo (logo vêm à mente os nomes do baixista Dave Holland, do sax barítono John Surman, do guitarrista John MacLaughlin e do trompetista Kenny Wheeler). Dentro do país, porém, eles não têm tido o reconhecimento que merecem — e parecem ter sido eclipsados por uma nova geração de músicos. Os saxofonistas Courtney Pine, Andy Sheppard, Tommy Smith e Steve Williamson, por exemplo, causaram forte impressão na cena contemporânea, mas ainda é cedo demais para prever se terão um duradouro impacto internacional — ou, na realidade, para dizer se o atual fascínio por tudo o que se relaciona ao jazz será mais do que um modismo.

Contudo, a mais significativa contribuição para a criação musical no continente europeu se deu na forma de selos de gravadoras e não de músicos (embora eu não pretenda com isso diminuir a importância de músicos como o baixista Eberhard Weber, o trombonista Albert Mangelsdorff ou o saxofonista Jan

Garbarek). Selos como o Black Saint, na Itália, o Enja, na Alemanha, e o Steeplechase, na Dinamarca, têm concedido considerável liberdade artística a um elenco de músicos do mais alto nível cujo trabalho não teria sido visto como viável pela indústria fonográfica nos Estados Unidos, de natureza cada vez mais empresarial.

O mais importante selo europeu, no entanto, é sem dúvida o ECM (Editions of Contemporary Music), de Manfred Eicher. Tal como o Blue Note nas décadas de 1950 e 1960, o ECM tem apadrinhado um som tão característico que, na verdade, veio a caracterizar um estilo de música — um estilo que, apesar do número de músicos americanos no catálogo, é visto como claramente europeu.[33] Embora o ECM seja injustamente acusado de, vez por outra, produzir apenas uma forma um pouco mais animada de música ambiente — os críticos parecem esquecer que parte do melhor trabalho do Art Ensemble e de Jack DeJohnette consta do catálogo da gravadora —, o som do ECM com certeza está se encaminhando para uma música de câmara modernista com as gravações de solos de violoncelo de Dave Holland, de violão sem acompanhamento de Ralph Towner e, naturalmente, a gigantesca produção de solos de piano de Keith Jarrett. O mais interessante na música do ECM é o fato de estar quase totalmente isenta do peso da história, da angústia da influência, que domina a maior parte do restante do jazz contemporâneo.

De modo significativo, Jarrett é o mais europeu dos jazzistas americanos, o que tem uma dívida maior com a música clássica ocidental (ele gravou *Das Woltemperierte Klavier*, de Bach, para o ECM). Jarrett é tão herdeiro de Liszt e de Rilke (citado com um

---

33. Cumpre observar também que há muitos anos o ECM vem se dedicando a criar um contexto para encontros entre músicos ocidentais e não ocidentais e entre formas musicais. Ver, por exemplo, os estupendos discos com Shankar, Collin Walcott, Zakir Hussain e Naná Vasconcelos.

de seus *Sonetos a Orfeu* na capa de *Spirits*, um álbum magnífico — e, diga-se de passagem, absolutamente não ocidental) quanto de Bill Evans e Bud Powell, e em grande parte de seus solos recentes é apenas sua inabalável dedicação ao ritmo e à improvisação — e não alguma devoção às *blue notes* — que o mantém na tradição do jazz. Em seus melhores momentos, fragmentos de todos os tipos de música flutuam em seu trabalho, mas nunca se nota o menor sinal de tensão, de um esforço consciente para combinar essas influências díspares. Em vez disso, para adotarmos sua própria versão do processo de criação, ele esvazia a mente ao máximo possível, e a música parece simplesmente correr por ele. Nossa fruição da música de Threadgill e Bowie depende, em certa medida, de reconhecermos que diferentes aspectos de um patrimônio musical comum estão sendo combinados. Já nossa fruição da música de Jarrett provém do fato de a música produzir-se de uma forma que, mesmo quando suas origens são claras, sua *essência* repousa tão totalmente na capacidade de improvisação de Jarrett que parece impossível explicá-la: misteriosa, atemporal.

John Berger escreveu que "o momento em que uma peça musical começa oferece uma pista para a natureza de toda a arte".[34] É quando os dedos de Jarrett tocam o teclado que mais claramente se sente a força sugestiva da formulação de Berger, "a incongruência desse momento, comparada com o silêncio não contado, despercebido, que o precedeu". Por considerável que seja, o peso do momento em que Alfred Brendel se prepara para tocar Schubert é menor que o de quando Jarrett se prepara para improvisar porque, mesmo que nunca tenhamos ouvido a peça de Schubert antes, sabemos que estamos testemunhando um ato de *re*criação e não da própria criação; estamos, em outras pala-

---

34. John Berger, "The Moment of Cubism", em *The White Bird*. Londres: Chatto/Tigerstripe, 1985, p. 186.

vras, a um estágio de distância da "república do ato primário" de Steiner. De modo extraordinário, a sensação de sermos testemunhas do momento de criação dificilmente diminui à medida que a música de Jarrett prossegue. Em Jarrett, a criação perpétua da música significa que o "momento" a que Berger se refere está contido em cada segundo da duração da música. É por isso que a música de Jarrett nos prende tanto em sua noção de tempo, que ela mesmo gera. Ou antes, sua música afeta o tempo como a neve afeta o som: substituindo o que era notado por uma ausência que é sentida com mais força do que aquilo que, em condições normais, está tão visivelmente presente em nossos sentidos.

6

Jarrett é excepcional, e o mesmo se diga da experiência de ouvi-lo. Em todos os outros aspectos, o ouvinte e o executante contemporâneos se defrontam com um problema semelhante com relação à tradição. Quando atualmente pomos para tocar uma gravação de jazz, para outra vez adaptarmos Bloom, "prestamos atenção para ouvir uma voz singular, se pudermos, e se a voz já não estiver um tanto diferenciada de seus precursores e contemporâneos, tendemos a parar de ouvir, não importa o que a voz esteja tentando *dizer*".[35]

No caso do jazz, isso talvez se aplique até com mais intensidade a mestres do passado do que a músicos contemporâneos. Jorge Luis Borges observou que atualmente *Ulysses*, de Joyce, parece preceder — porque travamos contato com ele primeiro — a *Odisseia*, e exatamente da mesma forma, Miles vem antes de

---

35. Bloom, op. cit., p. 148.

Armstrong, Coltrane antes de Hawkins. Em geral, quem toma contato com o jazz começa com algum disco (*Kind of Blue* é um ponto de partida frequente, mas para muitas pessoas será, cada vez mais, John Zorn ou Courtney Pine) e depois avança, ao mesmo tempo, para a frente e para trás. Isso é ruim, porque a melhor maneira de conhecer o jazz é no sentido cronológico (Parker parece menos alarmante quando se chega a ele por meio dos gritos de Pharoah Sanders). De forma mais genérica, mesmo que nunca tenhamos escutado seus discos, ouvimos Louis Armstrong, Lester Young, Coleman Hawkins, Art Tatum e Bud Powell em quase todos os exemplos de jazz com que topamos. Quando temos oportunidade de ouvir Bud Powell, fica difícil entender o que ele tem de tão especial: parece tocar como qualquer outro pianista (embora o que realmente queremos dizer é que todos os outros pianistas tocam como Bud Powell). O lado positivo dessa relação com o passado é que retroceder na tradição pode ser uma viagem de descoberta, tanto quanto avançar nela: em vez de seguir o rio até sua foz, rastreamos a sua nascente. Andar para trás nos possibilita identificar as feições especiais dos predecessores; é como vermos uma fotografia de nosso bisavô e perceber no rosto dele as origens dos traços de nossos netos.

    A influência permanente da tradição garante a presença dos mestres do passado em toda a evolução e o desenvolvimento da música. Ao mesmo tempo, gravações antigas são remasterizadas digitalmente e ganham outra roupagem para que pareçam novas, do ponto de vista sonoro e visual; e parte da música que se mostra mais nova é a mais saturada do passado. As ideias de avançado e atrasado, a sensação de passado e presente, de sonhos antigos e novos começam a se fundir no crepúsculo do meio-dia perpétuo.

Fontes

A maioria das citações de palavras de músicos aparece em vários livros sobre jazz. Não mencionei artigos dos quais tirei apenas uma citação ou um detalhe no livro inteiro. Do princípio ao fim, baseei-me mais em fotografias do que em fontes escritas, sobretudo em fotos feitas por Carol Reiff, William Claxton, Christer Landergren, Milt Hinton, Herman Leonard, William Gottlieb, Bob Parent e Charles Stewart.

LESTER YOUNG: Transcrições da corte marcial; John McDonough, "The Court-Martial of Lester Young". *Downbeat*, janeiro de 1981, p. 18; artigo de Robert Reisner em *Downbeat*, 30 de abril de 1959. A maior ajuda foi dada pela famosa fotografia que Dennis Stock fez de Lester no Alvin Hotel.

THELONIOUS MONK: O excelente artigo de Nat Hentoff em *The Jazz Life* (Nova York: Dial Press, 1961); artigo de Joe Goldberg em *Jazz Masters of the 50s* (Nova York: Macmillan, 1965); artigo de Val Wilmer em *Jazz People* (Londres: Allison & Busby,

1970). O texto inclui comentários de Monk registrados por Steve Lacy, Charlie Touse e outros. Minha fonte mais fecunda foi a excelente compilação de filmagens feita por Charlotte Zwerin, *Thelonious Monk: Straight No Chaser* — o melhor filme sobre um músico de jazz que já vi.

BUD POWELL: Para o episódio no Birdland: o evocativo *Bird Lives*, de Ross Russell (Londres: Quartet, 1973); também *Miles: The Autobiography*, de Miles Davis com o Quincy Troupe (Nova York: Simon & Schuster, 1989). A observação sobre "The Glass Enclosure" veio da descrição, por Nietzsche, da sonata nº 29, em si bemol, op. 106, "Hammerklavier", em *Humano, demasiado humano* (Cambridge: Cambridge University Press, 1986), p. 91. Algumas das melhores fotografias de Bud Powell foram feitas por Dennis Stock, mas — ironicamente, já que esse capítulo se baseou tanto em fotografias — só as localizei depois que o capítulo estava pronto.

CHARLES MINGUS: Artigo de Bill Withworth no *New York Herald Tribune*, 1º de novembro de 1964; o livro *Mingus: A Critical Biography*, de Brian Priestley (Nova York: Da Capo, 1984); a autobiografia de Mingus, *Beneath the Underdog* (Nova York: Alfred A. Knopf, 1971); o ensaio *Mingus/Mingus*, de Janet Coleman e Al Young (Berkeley: Creative Art Books, 1989).

BEN WEBSTER: O documentário *The Brute and the Beautiful*, de John Jeremy; Nat Shapiro e Nat Hentoff, *Hear Me Talkin' to Ya* (Nova York: Dover Press, 1955).

CHET BAKER: Minhas fontes foram apócrifas ou visuais: centenas de fotografias e o documentário *Let's Get Lost*, de Bruce Weber.

ART PEPPER: Minha fonte mais útil foi sua autobiografia, *Straight Life* (Nova York: Schirmer, 1979). Escrita em colaboração com sua mulher, Laurie, é indispensável para se compreender Pepper e uma leitura fascinante para qualquer pessoa que se interesse por jazz. Episódios mencionados de passagem nessa autobiografia serviram de base para a primeira, quarta e quinta partes do capítulo. Recorri também ao excelente documentário *Art Pepper: Notes of a Jazz Survivor*, de Don McGlynn.

DUKE ELLINGTON E HARRY CARNEY: Derek Jewell, *Duke: A Portrait of Duke Ellington* (Nova York: Norton, 1980); Stanley Dance, *The World of Duke Ellington* (Nova York: Scribner's, 1970); James Lincoln Collier, *Duke Ellington* (Nova York: Oxford University Press, 1987); artigo de Whitney Balliett em *Ecstasy at the Onion* (Nova York: Oxford University Press, 1971); Duke Ellington, *Music is My Mistress* (Nova York: Doubleday, 1973); Mercer Ellington, com Stanley Dance, *Duke Ellington in Person* (Boston: Houghton Miflin, 1978).

Os comentários sobre a fraqueza de Pepper e a doçura de Baker foram sugeridos por comentários de Adorno sobre Verlaine e o jovem Brahms, respectivamente, em *Aesthetic Theory* (Londres: Routledge & Kegan Paul, 1984). Diga-se de passagem que o ensaio de Adorno "Perennial Fashion: Jazz", em *Prims*, é um trabalho muito tolo.

Na busca de informações, minha primeira parada sempre foi *Jazz: The Essential Companion*, de Ian Carr, Digby Fairweather e Brian Priestley (Londres: Grafton, 1987), não tão informativo como o *New Grove Dictionary of Jazz*, organizado por Barry Kernfeld (Nova York: Grove's Dictionaries of Music, 1988), meio árido, mas, em minha opinião, mais prazeroso.

Discografia selecionada

A

Só incluí discos em que o músico figura como líder

LESTER YOUNG: *The Lester Young Story* (CBS); *Pres in Europe* (Onyx); *Lester Leaps Again* (Affinity); *Live in Washington D.C.* (Pablo); Lester Young e Coleman Hawkins: *Classic Tenors* (CBS)

THELONIOUS MONK: *Genius of Modern Music Vols. 1 and 2* (Blue Note); *Alone in San Francisco*; *Brilliant Corners*; *With John Coltrane*; *Monk's Music: Misterioso* (Riverside); *The Composer*; *Underground*; *Monk's Dream* (Atlantic); *The Complete Black Lion/ Vogue Recordings* (Mosaic Box Set).

BUD POWELL: *The Amazing Bud Powell Vols. 1 and 2*; *The Scene Changes*; *Time Waits* (Blue Note); *The Genius of Bud Powell*; *Jazz Giant* (Verve); *Time Was* (RCA).

BEN WEBSTER: *No Fool, No Fun*; *Makin' Whoopee* (Spotlite); *Coleman Hawkins Encounters Ben Webster*; *King of the Tenors* (Verve); *See You at the Fair* (Impulse); *At Work in Europe* (Prestige); *Ben Webster Plays Ballads*; *Ben Webster Plays Ellington* (Storyville); *Live at Pio's* (Enja). *Live in Amsterdam* (Affinity).

CHARLES MINGUS: *Blues and Roots*; *The Clown*; *Live at Antibes*; *Oh Yeah*; *Pithecantropus Erectus*; *Three or Four Shades of Blues* (Atlantic); *Tijuana Moods* (RCA); *The Black Saint and the Sinner Lady*; *Charles Mingus Plays Piano* (Impulse); *Ah-Um* (CBS); *At Monterey*; *Portrait* (Prestige); *Abstractions*; *New York Sketchbook* (Affinity); *Complete Candid Recordings* (Mosaic Box Set); *In Europe Vols. 1 and 2* (Enja): *Live in Chateauvallon*; *Meditation* (INA).

CHET BAKER: *Chet*; *In New York*; *Once Upon a Summertime* (Riverside); *Complete Pacific — Live and Studio — Jazz Recordings with Russ Freeman* (Mosaic Box Set); *Chet Baker and Crew* (Pacific); *When Sunny Gets Blue* (Steeplechase); *Peace* (Enja); Chet Baker e Art Pepper: *Playboys* (Pacific).

ART PEPPER: *Live at the Village Vanguard* (*Thursday, Friday and Saturday*); *Living Legend*; *Art Pepper Meets the Rhythm Section*; *No Limit*; *Smack Up*; *The Trip* (Contemporary); *Today*; *Winter Moon* (Galaxy); *Modern Art*; *The Return of Art Pepper* (Blue Note); *Blues for the Fisherman* (Mole — distribuído como Milcho Leviev Quartet).

B

Tradição, influência e inovação

RABIH ABOU-KHALIL: *Al-Jadida*; *Blue Camel*; *Tarab*; *The Sultan's Picnic* (Enja).

ART ENSEMBLE OF CHICAGO: *Nice Guys*; *Full Force* (inclui "Charlie M"); *Urban Bushmen* (ECM); *Message to Our Folks* (Affinity); *Naked* (DIW).

ALBERT AYLER: *Love Cry* (Impulse); *Vibrations* (com Don Cherry) (Freedom).

LESTER BOWIE'S BRASS FANTASY: *The Great Pretender*; *Avant-Pop*, *I Only Have Eyes for You* (ECM); *Serious Fun* (DIW).

DON CHERRY: *Brown Rice*; *Multikulti* (A & M); *El Corazón* (com Ed Blackwell) (ECM); *Codona*; *Codona 2*; *Codona 3* (com Naná Vasconcelos e Collin Walcott) (ECM); *The Sonet Recordings* (Verve).

ORNETTE COLEMAN: *The Shape of Jazz to Come*; *Change of the Century*; *Free Jazz* (com Don Cherry, Charlie Haden e Ed Blackwell) (Atlantic).

JOHN COLTRANE: *Giant Steps*; *The Avant-Guard* (com Don Cherry); *My Favorite Things*; *Olé* (Atlantic); *Africa/Brass*; *Live at the Village Vanguard*; *Impressions*; *Coltrane*; *Duke Ellington and John Coltrane* (inclui "Take the Coltrane"); *A Love Supreme*; *First Meditations (for Quartet)*; *Ascension*; *Sun Ship*; *Meditations*; *Live in Seattle*; *Live at the Village Vanguard Again!*; *Live in Japan Vols. 1 and 2* (inclui "Peace on Earth") (Impulse).

MILES DAVIS: *Round about Midnight*; *Milestones*; *Kind of Blue*; *Sketches of Spain* (Columbia).

JACK DEJOHNETTE: *Special Edition* (com Arthur Blythe e David Murray); *New Directions*; *New Directions in Europe* (ambos com Lester Bowie) (ECM).

JOHNNY DYANI: *Song for Biko* (com Don Cherry); *Witchdoctor's Son* (Steeplechase).

DUKE ELLINGTON: *Black, Brown and Beige* (RCA); *Duke Ellington Meets Coleman Hawkins* (Impulse); *Money Jungle* (com Max Roach e Charles Mingus) (Blue Note).

JON FADDIS: *Into the Faddisphere* (Epic).

JAN GARBAREK: *Madar* (com Anouar Brahem e Shaukat Hussain) (ECM).

CHARLIE HADEN: *Silence* (com Chet Baker) (Soul Note);

Charlie Haden and the Liberation Music Orchestra (Impulse); *Ballad of the Fallen* (ECM); *Dream Keeper* (Blue Note); *The Montreal Tapes* (com Don Cherry e Ed Blackwell) (Verve).

ZAKIR HUSSAIN: *Making Music* (com John McLaughlin, Haraprasad Chaurasia e Jan Garbarek) (ECM)

KEITH JARRETT: *Facing You*; *Köln Concert*; *Sun Bear Concerts*; *Concerts*; *Paris Concert* (solo); *Spirits*; *Vienna Concert*; *Paris Concert*; *Eyes of the Heart*; *The Survivors Suite* (com Charlie Haden, Paul Motian e Dewey Redman); *Belonging*; *My Song*; *Personal Mountains* (com Jan Garbarek, Palle Danielsson e Jon Christensen); *Changeless*; *The Cure*; *Bye Bye Blackbird at the Blue Note*; *The Complete Recordings* (com Jack DeJohnette e Gary Peacock) (ECM).

THE LEADERS: *Mudfoot* (Black Hawk); *Out Here Like This*; *Unforeseen Blessings* (Black Saint).

CHARLIE MARIANO e o Karnataka College of Percussion, com R. A. Ramamani: *Jyothi* (ECM); *Live* (Verabra).

JOHN MCLAUGHIN: *Shakti* (com Shankar e Zakir Hussain) (CBS).

WYNTON MARSALIS: *Live at the Blues Ailey*; *The Majesty of the Blues* (CBS).

DAVID MURRAY: *Flowers for Albert*; *Live at the Lower Manhattan Ocean Club* (com Lester Bowie) (India Navigation); *Ming*; *Murray's Steps*; *Home*; *The Hill* (Black Saint); *Ming's Samba* (CBS).

OLD AND NEW DREAMS: (Don Cherry, Charlie Haden, Ed Blackwell, Dewey Redman): primeiro álbum (Black Saint); segundo álbum e *Playing* (ECM).

SONNY ROLLINS: *All the Things You Are* (com Coleman Hawkins) (Blue Bird); *East Broadway Run Down* (com McCoy Tyner, Jimmy Garrison e Elvin Jones) (Impulse); *Tenor Madness* (com John Coltrane) (Prestige).

PHAROAH SANDERS: *Karma*; *Tauhid* (inclui "Japan") (Impulse); *A Prayer Before Dawn* (inclui "Living Space"); *Journey to the One*; *Heart is a Melody*; *Live* (Theresa); *Moonchild* (Timeless); *Message from Home* (Verve).

SHANKAR: *Song for Everyone* (com Jan Garbarek, Zakir Hussain, Trilok Gurtu) (ECM). (Ver também John McLaughlin.)

ARCHIE SHEPP: *Fire Music* (Impulse); *Goin' Home* (com Horace Parlan) (Steeplechase); *Steam*; *Soul Song* (Enja).

HENRY THREADGILL: *Easily Slip into Another World*; *Rag, Bush and All*; *You Know the Number* (Novus).

COLLIN WALCOTT: *Grazing Dreams* (com Palle Danielsson, John Abercrombie, Dom Um Romão, Don Cherry) (ECM). (Ver também os álbuns *Codona* com Cherry e Naná Vasconcelos.)

1ª EDIÇÃO [2013] 3 reimpressões

ESTA OBRA FOI COMPOSTA EM MINION PELO ESTÚDIO O.L.M./FLAVIO PERALTA
E IMPRESSA EM OFSETE PELA GEOGRÁFICA SOBRE PAPEL PÓLEN SOFT DA
SUZANO S.A. PARA A EDITORA SCHWARCZ EM AGOSTO DE 2021

FSC
www.fsc.org
MISTO
Papel produzido
a partir de
fontes responsáveis
FSC® C019498

A marca FSC® é a garantia de que a madeira utilizada na fabricação do papel deste livro provém de florestas que foram gerenciadas de maneira ambientalmente correta, socialmente justa e economicamente viável, além de outras fontes de origem controlada.